2015年主题出版重点出版物

援疆援藏青春赞歌系列

援藏青春赞歌

共青团中央网络影视中心
中　国　青　年　网　编著

全国百佳图书出版单位
时代出版传媒股份有限公司
黄　山　书　社

图书在版编目(CIP)数据

援藏青春赞歌/共青团中央网络影视中心.中国青年网编著.—合肥：黄山书社, 2015.12
ISBN 978-7-5461-5489-3

Ⅰ.①援… Ⅱ.①共…②中… Ⅲ.①先进工作者-生平事迹-西藏 Ⅳ.①K820.875

中国版本图书馆 CIP 数据核字(2016)第 036939 号

出品人 任耕耘
总策划 任耕耘
策　划 马　磊 高　杨
责任编辑 高　杨 秦矿玲
封面设计 钱志刚
出版发行 时代出版传媒股份有限公司(http://www.press-mart.com)
黄山书社(http://www.hspress.cn)
地址邮编 安徽省合肥市蜀山区翡翠路 1118 号出版传媒广场 7 层 230071
印　刷 合肥精艺印刷有限公司
版　次 2015 年 12 月第 1 版
印　次 2015 年 12 月第 1 次印刷
开　本 710mm × 1000mm 1/16
字　数 160 千
印　张 11
书　号 ISBN 978-7-5461-5489-3
定　价 28.00 元

服务热线 0551-63533706
销售热线 0551-63533761
官方直营书店(http://hsssbook.taobao.com)

编委会名单

目　录

孔繁森：爱的最高境界是爱人民

孔繁森

一个人爱的最高境界是爱别人，一个共产党员的最高境界是爱人民。

“你有一颗赤诚的报国心，汗水洒齐鲁呀，雪域立功勋！甘为孺子牛，默默苦耕耘。都说是愚公移山不畏难，怎比你知难而进，勇挑重担的共产党人！”

这首传唱在雪域峰巅的歌名叫《公仆赞》，歌颂的是孔繁森，新时期共产党员的楷模。

关于他，有这么几个“关键词”：一尘不染、两袖清风的好干部，两次进藏工作，1994年11月在去新疆考察边境贸易途中因车祸殉职。

他的平凡而伟大的事迹感动了很多人，曾经在全国形成了一个学习热潮，当时的党和国家领导人江泽民同志为此亲笔题词“向孔繁森同志学习”。

《公仆赞》也是在这个热潮中诞生的。

一位平凡而伟大的人

1944年7月，孔繁森出生于山东一个贫苦农民家庭。1961年，孔繁森17岁，他选择了光荣参军。在部队，他刻苦学习，勤于训练，连续6次被评为“五好战士”，连续6次参加军区直属部队积极分子代表大会，并获得“特等射手”称号。1966年9月，孔繁森光荣地加入了中国共产党。

“孔繁森急公好义，助人为乐，是山东人推崇的‘仗义性格’，他的口头语就是‘有事吗？’，是领导同事、亲朋好友心目中不怕麻烦、不怕吃亏的那种热情厚道人。”孔繁森同志纪念馆馆长高杉在接受媒体采访时说，“他是有名的‘三哥’，你有困难，不等你张口，他就会主动出手帮助。他能把家属在农村卖棉花买电视的钱，借给朋友急用。他不是有了权之后才开始做好事的，即便在生活困难的年代，他也会拿出自己为数不多的薪金给同事家的老人买包点心或者买斤红糖。”

“孔繁森爱生活，爱自然，是一个多才多艺、兴趣广泛的人。他喜欢唱歌、跳舞、登山、收藏、摄影和文学创作。”高杉介绍说，“联欢会上，他会用他的歌喉和出色的号召力感染大家。在聊城，他先后兼任过青年摄影家协会和乡韵文学社两个组织的名誉会长（社长），有不少文朋诗友。他的日记、诗歌和西藏风光摄影充满情怀和才气。他还擅长烹饪，拉萨市职业高中创办时，他作为烹饪班兼职教师亲自授课示范。儒家文化的传统美德、全心全意为人民服务的红色文化共同汇成了孔繁森大爱的源头活水。他有两个听不得：一是听不得别人说山东不好，西藏不好；另一个，就是听不得别人有难处。”

孔繁森的小女儿孔玲在接受采访时也说：“父亲菩萨心肠，见不得别人受苦，他乐善好施，乐于助人。他像一团火一样，点燃了身边每一个人；像磁场一样，深深吸引感染着每一个人。”

作为父亲，当孩子考试成绩不理想时，孔繁森心急如焚；孩子取得了好成绩，他又很自豪，很高兴。1993 年，孔玲如愿考上了西南政法大学，孔繁森拿着录取通知书，看了一遍又一遍，满脸的喜悦和欣慰。

作为丈夫，他深深爱着这个家，爱着自己的妻子。两次援藏，历时十载，孔繁森与妻子长期过着两地分居的生活，他最爱唱的一首歌是《说句心里话》，以表达对母亲、对妻子、对家人的深深思念之情。

作为儿子，孔繁森对母亲非常孝敬，每次离家回西藏工作时，他都在母亲的跟前长跪不起，久久不忍离开，为自己忠孝不能两全表达歉疚和遗憾。

孔玲很小的时候，孔繁森就告诉她，女孩子一定要自立、自强、自尊、自爱。每每遇到困难，孔玲都会努力自己去克服。在孔玲的红色笔记本中，孔繁森写下了这样几句话：“世界上最有价值的是人格。”“一个只有克服了自己缺点和弱点的人，才是最强大的人。”“一个人只有不断总结经验，经历磨难，才能成长。”他用这些话来指导女儿的健康成长，也用这些话来激励自己更好地工作和生活。

一个为党和人民奉献一切的人

1979 年，孔繁森第一次进藏，担任日喀则地区岗巴县委副书记。家中年近八旬的老母亲、3 个幼小的孩子和体弱多病的妻子都让他牵肠挂肚。可是孔繁森想着党和人民需要自己，总要有人去西藏，于是他坚定了自己的信念，

孔繁森

期待能为藏族人民贡献出自己的力量。

在岗巴工作 3 年，全县的乡村、牧区都留下了他的身影，他与当地的藏族人民也培养了深厚的感情。

1988 年，孔繁森第 2 次进藏，担任拉萨市副市长，分管文教、卫生和民政工作。任职期间，他为了发展少数民族的教育事业，将全市 8 个县、区的所有公办学校和一半以上的乡办、村办小学都跑遍了。在他和全市教育者的不懈努力下，拉萨的适龄儿童入学率从 45% 提高到 80%。

1992 年 7 月，拉萨市墨竹、工卡等县发生了里氏 6.5 级地震，孔繁森率工作组在羊日岗乡地震废墟上发现了 3 个失去父母的孤儿，他们是 12 岁的曲尼、7 岁的曲印和只有 5 岁的贡桑。他向乡干部提出抚养要求，并把孩子带回拉萨。看到他实在忙不过来，另一个藏族干部收养了大一点的曲尼。

20 世纪 90 年代，孔繁森每月工资收入也就 1000 多元，其中在老家聊城的工资是 400 多元，在西藏领的补贴是 600 元。他在那里收养了孤儿后，生活一下就更加拮据了，但他从没向组织伸过手。每月发工资都是先拿出 3 个信封，分出曲印、贡桑的（他收养的孤儿），两个孤寡老人的，然后才是自己的生活费。

援藏 10 年，孔繁森总是把自己的钱用来接济别人，搭上工资还不够，甚至把家属在农村卖棉花、卖粮食的钱，都花在藏族老人、孩子身上。往往刚过半个月，工资就已经所剩无几，有时连向食堂交伙食费的钱都不够，只好经常白饭就榨菜，开水泡方便面。他花 76 块钱买的西装，穿了很多年，始终舍不得丢。时任国防部部长的迟浩田将军到他宿舍，竟然找不到一块香皂。

孔繁森同志纪念馆馆长高杉说，孔繁森的事迹中最让他感动的是，为了抚养在地震中失去父母的曲印和贡桑，孔繁森前后 3 次卖血 900 毫升。从孔繁森纪念馆陈列的 3 张西藏军区总医院血库采血登记表可以看出，时任拉萨市副市长的孔繁森化名“洛珠”，在这一年的 2 月、6 月、11 月，先后 3 次献血并领取 900 元营养费。孔繁森在济南军区总医院专门学过医疗技术，他清楚在高原缺氧环境中献血，对于年近半百、患有多种高原病的他来说，是件多么危险的事情。他有着怎样的体质保证他一年内 3 次献血？有着怎样艰难的经济状况需要他一年内 3 次献血？要不是孔繁森殉职后，西藏军区总医院提供的证明，谁也不会相信，这 3 张采血登记表背后隐藏着催人泪下、感人肺腑的故事。

1993 年 4 月 4 日，孔繁森踏上了去阿里的路。那时他已在高原工作了 6 年，本应该东进返乡。然而，他挑起了阿里地委书记的重担，远赴西藏中气候最恶劣、环境最艰苦的地区。阿里平均海拔 4500 米，空气中的含氧量不足海平面的一半，最低气温零下 40℃。

阿里当时的经济发展不是很好，人民群众生活比较艰苦。可是孔繁森没有被困难吓倒，他时刻提醒自己：“我是党的干部，党和人民需要我。”阿里全地区 106 个乡，他跑了 98 个。他清楚，只有深入了解当地情况，才能带领全地区人民走上幸福安康生活的道路。

在接下来的重大雪灾中，他带领大家齐心合力共渡难关；在风雪中，他为大家加油打气，让大家相信“有党和政府在，再大的灾害也压不垮我们。党和人民一定能帮助大家渡过难关！”

藏族人民善良的品格深深地感染着孔繁森。有一次公干路上，狂风暴雪中，有一只小羊羔在哀鸣。他看到一个藏族阿妈脱下自己的外衣盖在了小羊羔的身上，自己却在冰天雪地中冻得瑟瑟发抖。这一幕感动了孔繁森，他的眼角湿润了，他脱下了自己的毛衣毛裤，递给了那位藏族阿妈。

孔繁森为藏族老大娘治病

藏族阿妈用冰凉的双手接过毛衣，看着孔繁森激动得说不出话来。当时阿里的乡下，日常所需医药还是很紧缺的。因此，每次下乡，孔繁森都会买上好几百块钱的药，装在随行的小药箱中，希望能够帮助村民们尽量减少病痛的折磨。

1994 年 11 月 29 日，孔繁森带领工作组完成了考察边境贸易的任务，驱车行进在从新疆返回阿里的路上。他是一个热爱生活的人，来到托里县境内时，茫茫戈壁滩上雨过天晴后的天空突然出现的彩虹吸引了他。他让司机停下车，用相机记录下这苍穹万里的壮美，想留住这瞬间的美丽。之后，他在追赶前面的车队时发生了车祸。

孔繁森同志以身殉职，永远离开了我们。

孔繁森走后，在冲印他拍摄的戈壁彩虹照片时，却未发现照片上有彩虹。或许那彩虹已经化入天，融入地，孔繁森就像这彩虹一样，来自天地，来自日月，他的离去也化为了永恒……

孔繁森去世后，人们发现他留下的遗产只有两样：一是他仅有的8元6角钱，一是他去世前写的关于发展阿里经济的12条建议。

“一尘不染两袖清风，视名利安危淡似狮泉河水；二离桑梓独恋雪域，置民族团结重如冈底斯山。”孔繁森葬礼上的这幅挽联，重现了孔繁森伟大的一生，也表达了当地干部群众对他永远的爱戴和思念。

孔繁森有句被人广为传诵的名言：“一个人爱的最高境界是爱别人，一个共产党员的最高境界是爱人民。”孔繁森是这样想的，也是这样做的。

在孔玲心中，父亲是一个真正的共产党员。孔繁森走后，尊重西藏人民的要求，作为民族团结的象征，他骨灰的一半魂归故里，葬在了家乡山东聊城，另一半葬在了他深深热爱的拉萨。此外，在他最后工作战斗的西藏阿里，当地政府和人民还在狮泉河烈士陵园建了一个衣冠冢。

“父亲离开我们快18年了，但每年的清明以及他逝世的日子，他的同事、朋友们以及他曾经帮助过的很多人都不远万里去墓前悼念他，缅怀他。父亲能够得到别人如此深沉的爱戴和怀念，是因为他心中永远装的是别人，唯独没有他自己。”孔玲表达着自己对父亲的思念之情。

由于不在身边，父亲又一直低调，作为女儿的孔玲对父亲的工作也并不是很了解。孔玲说她也是通过宣传，才逐渐了解自己父亲伟大的一面。父亲生前常对她说：“我在这边挺好的，你们要照顾好奶奶和妈妈。”孔玲一直以为，作为拉萨市副市长、阿里地委书记，父亲生活得很好，却不知道父亲在西藏为了抚养两个藏族孤儿3次卖血；不知道父亲下乡时常常背着小药箱，为西藏百姓免费看病送药，自己却过着非常清贫的生活。

她说，永远忘不了1994年西藏阿里遭遇百年不遇的雪灾，父亲冲在抗灾第一线，在零下37℃，海拔4000多米的高山上，他背靠着汽车，大口喘气，一口吃雪，一口吃方便面的样子。

她也忘不了父亲曾经留给公务员的遗嘱：“如果我发生了不幸，不要告诉我的家人，请每月以我的名义给我的家人写封信，报个平安！”也许岁月可以改变山河，但有一种精神永远不会衰落，那便是奉献。

孔繁森在天有灵应该欣慰，他抚养的孩子如今都已长大成才。曲印当兵退伍后在拉萨电视台工作，现在已有了一个幸福的三口之家。聪明伶俐的小贡桑南京大学考古系毕业后，回西藏考进了政府机关。他没有白疼他们，孩子们也没有忘记他。每到祭日，他们都会到孔繁森墓上祭奠。孔繁森的善良无私、助人为乐的品格正在他们身上传承。

陈明果：虽九死其犹未悔

陈明果

我只知道要是不这么做（援藏），我会悔恨终生。

很多年前的郢都，有这样一位诗人，他身佩辟芷秋兰，满怀家国之虑，吟咏出了“亦余心之所善兮，虽九死其犹未悔”的壮丽诗篇；而在今日的西藏高原，也有着一群为了理想而奋不顾身的热血青年，他们用长年的坚守和不懈的付出，诠释了这份最初的执着和热爱。

四川汉子陈明果就是其中的一员。2010年夏天，刚刚从警察学院毕业的陈明果毫不犹豫地报名参加了援藏项目，和100多位同学一起，来到了圣洁的西藏高原，开始了自己为期10年的援藏生涯。4年的时光转瞬即过，如今的陈明果，已经习惯了那彩色经幡在风中猎猎作响的声音，对高原稀薄的空气也不再有任何不适，他甚至能像藏民一样就着酥油茶吃几块糌粑，在耀目的太阳下感受日光的照拂。他的生命已经和这片土地连在了一起，他以无悔的青春和热情，护卫着这片圣土的平静和安宁。

要是不这么做，我会悔恨终生

小时候的陈明果很调皮，经常做各种恶作剧，成绩也不是很好。就这样一直上到高二，突然有一天，他觉得读书实在不适合自己，于是和家里人商议，去部队当了兵。

当时的他还只有15岁，一个小小少年，就这么开始了他的部队生活。“那时训练真的很苦，而且我年纪很小，所以我经常会想家，会哭鼻子。但是自己的性格中有一股子韧劲，即使很苦，我也坚持了下来。”

这段部队经历塑造了陈明果吃苦耐劳的性格品质。与此同时，“热爱祖国，报效人民”，这份军队所给予的精神教育也随着这段时光，深深地烙印在了他的心中。从部队复员回家后，陈明果考取了浙江警察学院，决定做一名人民警察。

聊起当初为何决定援藏，他微微笑了笑，说：“和很多人一样，我一直就很向往西藏，觉得它非常神圣。当然，对于那儿的艰苦，我也是很清楚的。

陈明果（右二）深入工区，了解民工动态

但是我一直觉得年轻人就应该有冲劲，敢于去艰苦的环境里锻炼，所以也没多想，就报了名。”

事实上，他去西藏时遇到了很多的阻力。作为家中的独子，他遭到了父母的坚决反对。

“我很理解他们，但我只知道要是不这么做（援藏），我会悔恨终生。”他的语气里透着坚定。

“那个时刻，我就突然觉得，一切都是值得的！”

一辆绿皮火车，载着 100 多份年轻的梦想和希望，奔赴了遥远的拉萨城。连续坐了 3 天火车，刚下车时，走在平路上，都感觉“好像还在火车上一样，脚底下还在不停地颠簸着”。陈明果笑着回忆道：“接着还坐了好长时间的汽车，下了车以为到了，结果眼前出现了一排马，这把我们吓傻了。”一群没骑过马的南方汉子摸索着硬是撑过了 6 个小时的路程。

陈明果被分配到了南部的一个名叫加查县的辖区。辖区地广人稀，县城也很小，10 分钟就能逛完。当时的县城到处都是土路，各种牲畜满地跑，建

陈明果（中）在油库进行安全检查

筑也都是些平房，连一幢普通的 3 层小楼都很少见。

开始的时候，陈明果很不适应。第一个就是高原反应，“大概持续了半个月左右，每天都感觉脑袋里有一团糨糊，非常难受”。第二个就是吃的问题，当地藏民的主食是糌粑，平时喜欢喝酥油茶和青稞酒，几乎不吃水果和蔬菜。加上当地物资匮乏，陈明果和同事们就只能隔很久去县城买点蔬菜打打牙祭。他们住在所里，有时和当地群众一起吃，有时也自己做，煮点方便面，吃些压缩饼干。他们刚来的时候，睡的宿舍就是拿几块木板盖的。有件事陈明果印象很深，“有天下雨，睡着睡着就感觉有水滴在头上，可是每天工作很忙，真的太累了，眼睛都没睁，就换了个方向又睡过去了，第二天被冻醒，才发现被子都湿了”。

这样的日子的确很苦，但时间久了，也就习惯了。肩负的职责时刻提醒陈明果将更多的精力放在工作中。为了维护当地的治安和稳定，陈明果和同事们强化日常巡逻。接到群众报警后，总是第一时间赶到报警现场，能够当场处理的立刻处理，不能够立即处理的，马上立案侦查，直到破案为止。

在一次次的巡逻出警中，陈明果和当地藏民的关系也越发融洽。“刚开始有种说法说，藏民们都挺凶悍的，脾气大，难相处，动不动就掏刀子，所以心理上有种畏惧感。后来逐渐熟悉后，我们发现他们都是很和善的人，而且待久了，语言上也能沟通了，所以关系越来越好。现在好多人以为我就是纯正的桑巴汉子呢。”陈明果哈哈大笑着说。

2012 年 3 月 27 日 15 时，加桑公路附近一处山林发生火灾。陈明果和同事们接到电话后立刻出警，成为第一支到达火灾现场的救援队伍。此时，大火已经蔓延至山腰，并借着风势向山顶和周围蔓延。火苗和浓烟吞噬着周围的一切，威胁着国家和人民群众的财产安全。

陈明果不顾个人安危，带着铁锹，冒着浓烈的烟雾和灼热的气浪爬到火场边缘。他迅速地挖掘着隔离带，想把大火与周边的山林隔离。然而，就在陈明果奋力救援时，突如其来的危险向他袭来。一块被烧裂的石头呼啸着奔他而来，他来不及躲闪，被砸到山沟里，当场昏迷不醒。

由于伤情严重，他被连夜转院至西藏军区总医院救治。加查县通往拉萨的路况不好，一路颠簸，从昏迷中醒来的他强忍着疼痛，硬是一声不吭，豆大的汗水顺着他那煞白的脸庞一滴一滴地往下掉。

经全力抢救，他脱离了生命危险。他醒来的第一句话是“火灭了没有”。因为担心高额的医疗费用给单位和县里带来负担，又想着早点出院把落下的工作给补上，当病情稍有好转，陈明果就申请出院了。康复后，陈明果身上留下了无法磨灭的伤痕和部分残疾。直到现在，每逢阴雨天气，他受伤的胳膊就隐隐作痛，但他从未因此耽误工作。

“这样的生活不会觉得很苦吗？”每当有人这样问起，他总是说：“开始会有一点，但后来就不觉得了。在一个藏历大年初一的早上，我们还睡在床上呢，当地的藏民就跳着舞唱着歌围着我们，还给每人端来一大碗青稞酒让我们喝下。这是他们的一种传统风俗，这端的碗越大，表示对对方越尊重。看到他们以最隆重的礼仪欢迎我们，大伙都明白他们这是把我们当亲人了。那一时刻，我看着他们，就突然觉得，一切都是值得的。”

留下来，让这片土地变得好一点点

现在的加查县，本地居民有3000多人，流动人口有将近10000人。辖区每天发生的纠纷案件很多。

陈明果说，因为最近几年有很多工程项目在这里进行，所以调解项目方和当地做工民众的经济纠纷是日常工作的很大一部分；同时近年来很多汉族人在这里开了一些娱乐场所，也会有一些矛盾纠纷；在加查县有一座叫作拉姆拉错的圣湖，在藏传佛教中，它有着特殊地位，因而备受信徒们敬仰，传说在此湖中可以看到自己的前世今生，因此经常有背包客徒步旅行至此，也就经常发生迷路事件。

日常的工作内容就是处理这些很琐碎的事件，但陈明果从不怠慢。他说：“这种工作内容和我想象的其实差挺多的，以前一直觉得警察就应该像大英雄一样，拿起枪杆惩凶除恶，但实际工作中面对的都是非常琐碎的事情，刚开始时会有落差感，但我还是尽心去做。后来我走在路上，经常有人和我打招呼，甚至走上前来向我表达感激，我才突然意识到人民生活无小事，我的努力可以为他们带来那么多帮助，真的很有成就感。”

警局工作很忙，也很少有假期。“我们都是贯彻放假不放人制度，放假也得在单位待着，随时待命。”来到西藏4年，陈明果只回过两次家，身上大大小小的伤口不下五六处，缝过40多针，父母看了，都心疼地抹眼泪。“父母年纪大了，想我了，也只能自己进藏看我。我平时工作太忙，没办法回去。”说到这里，陈明果的眼眶红了。

“西藏自治区五四青年”“县级劳动模范”“见义勇为模范”……“这些荣誉不是为我得的，是为父母得的。不能侍奉双亲，我真的很惭愧。我只能努力工作，让他们感到骄傲。”

其实他完全可以请病假结束自己的援藏工作回到内地。当初一起来的同学有辞职的，有回家的。也有人劝他这么做，但他始终如此回应：“如果我现在回去，那我当初拼死拼活要来还有什么意义。我是不会回去的，这样我会觉得对不起自己。”

这4年的苦与乐，得到和失去，只有他最清楚。

"这么多年下来，我发自内心地觉得西藏真的很需要我们的援助。它太美丽，却也太艰苦。教育卫生方面非常落后，我永远都忘不了，那年我的一个同事出了交通事故，我赶到现场，亲手组织人把他从车里拖出来，送去县里最好的医院。结果，医生只是看了看，仅仅凭经验，就告诉我们他没救了。你知道那时候我的感觉吗？"他悲痛不已地说，"那可是一条生命啊，医生什么都没做，就告诉我们他活不了了……不过也怪不得医生，虽然那是县城最好的医院，可是医疗设施还是非常落后，没有CT、彩超，只有X光，连个剖宫产都做不了。那时我就想，我一定要留下来，就算我做不了太多的贡献和改变，我也要尽我所能，至少让这片土地变得好一点点。只有这样，我才觉得没有愧对自己。"

这几年，陆续又有很多援藏志愿者到来，在和他们谈话时，陈明果总是会分享一些藏区生活中很快乐很阳光的事情，对于那些艰苦的东西他总是很少涉及。

"为什么不告诉他们那些必须面对的困难呢？"如果有人这样问，陈明

陈明果（左二）进行炸药跟踪检查

果则会说："我只是希望给他们一些正面的能量，如果他们内心没有这份坚守，无论我如何提前告知他们那些即将面对的困难都是没有用的，只有他真的有坚持下去的决心，那无论他遇到什么，我相信他都不会后悔。"

而我们也相信，这位屹立于高原上的英勇卫士，在往后的悠悠岁月中，必将以那份最初的虔诚和坚守，陪伴着这片圣洁的藏地，许之以爱，护之以生命。

尼玛拉木：雪山鸿雁

尼玛拉木

信件一旦背到肩上，就成了我生命的一部分。

“苦役阿哥啊，我看见你经常围着这群山在走，你一辈子就在这片山里转，你一辈子为这片山生，为这片山的老百姓送信忙，你这辈子就是这片山的苦役。”

这是一位藏族乡村邮递员和一位藏族妇女对唱的山歌。在藏语中，“邮递员”的发音和“苦役”很相近，藏民们深情地称乡村邮递员是来为他们服务的“苦役”。

尼玛拉木便是这样一位“苦役”。

在梅里雪山和白马雪山的峡谷地带，绵延350千米的邮路上，她经常一个人背着邮包穿梭于崇山峻岭间，她也因此被当地人称为“雪山鸿雁”。

女版“苦役阿哥”走上藏区百姓的“心路”

傲然耸立的梅里雪山和奔腾汹涌的澜沧江之间的这片神奇的土地供养着世代生活在这里的5800多名藏族同胞。这里紧邻著名的香格里拉，地广人稀，交通十分落后。在一些村寨，邮政通信是他们与外界联系的唯一途径。尼玛拉木的家就在这里。

1990年，14岁的尼玛拉木第一次有机会走出大山，触摸山外的世界。那年，初中毕业的她考上了昆明市旅游学校。但不久之后，因为贫困的家庭无力承担她的学费，尼玛拉木告别了多姿多彩的山外世界，回到老家务农。

幸运的是，当上帝关上所有的门时，也会给她留一扇窗。1999年，云南省迪庆藏族自治州德钦县云岭乡乡邮政所唯一的邮递员兼所长桑称由于积劳成疾，没法再继续承担邮递工作。当地县邮政局要在全乡公开招考一名邮递员，接桑称老人的班。

得知消息后，尼玛拉木立刻报了名。“平时，我自己收到信时，就会非常高兴。乡亲们也和我一样。因此，邮递员是让人高兴的光荣的一种职业。”尼玛拉木说。

经过考试，尼玛拉木凭借当地少有的初中文凭和办事认真负责的态度从报名的十几个人中脱颖而出。

上班的第一天，老所长桑称郑重地告诉尼玛拉木：“从此以后，你就正式成为国家邮政战线上的一名光荣的邮递员啦。”尼玛拉木记下了老所长的嘱咐：“一封信不能丢掉，一封信不能打湿掉，一封信不能撕掉。”这也成了尼玛拉木十几年来坚守的职业信条。

跨雪山、滑溜索，雪山鸿雁飞越崇山峻岭

尼玛拉木的邮递“辖区”有960平方千米，正好是我国国土面积的万分之一。由于道路崎岖陡峭，交通工具无法通行，尼玛拉木只能用脚“丈量”这片土地。这一走就是13年。

她的投递线路有三条：

一条是从海拔2400米的云岭乡政府所在地的背后，向上走10千米山路，爬到4000米海拔的红坡村，平行投递两个村庄后，沿着羊肠小道直插只有1900米海拔的澜沧江河谷，顺着河谷走到13千米处，就过溜索到对岸的3个村子。这条路是尼玛拉木3天邮路中最近的，行程只要两天，来回行走50多千米；

第二条是顺着澜沧江逆流而上，从月亮湾峡谷入口直上翻越雪山，经过4500米雪线，送到雨崩村，行程3天；

而最长的线路来回就需要行走4～6天，穿过九曲十八弯的月亮湾峡谷，目的地是41.5千米外的明永村。

尼玛拉木工作的路线穿行在海拔4000米的雪山和海拔1900米的峡谷之间，海拔的落差造成了“一山分四季，十里不同天”的情形，严寒和酷暑考验着她的身体和意志。经过谷底时，尼玛拉木汗流浃背；等到爬上4000米海拔的雪山后，汗湿未干的衣服转眼变得冰冷刺骨。

邮路多是悬崖峭壁，很少有平坦的山路，尼玛拉木每时每刻每一步都要倍加小心。她说：“路在这边，悬崖在另一边，下面是深深的水沟，走的时候要往里面靠。如果摔倒的话，一个抓的东西也没有，一摔就掉下河涧里的

尼玛拉木在邮路上

情况也出现过。”

13 年来，尼玛拉木遭遇的险情数不胜数。由于当地山上的植被较少，土质疏松，有时会有小石头滚下来，后面跟着的可能就是大石头。

有一次，这种情况就让尼玛拉木赶上了。在送邮件的路上，一块不小的石头滚落下来，尼玛拉木来不及躲避，石头正好打在她的右臂上，她立刻挂了彩。

没有止血药、绷带之类的物品，尼玛拉木忍着痛，从地上抓了把细土，咬着牙散在伤口上。几分钟后，血终于止住了。尼玛拉木用一只手臂撑起身体，踉踉跄跄地继续前进。这位朴实倔强的藏家女就这样硬撑着走到了目的地，把邮包按时送到老百姓手里。

在当地，邮递员还有一项必备的重要技能——过溜索。尼玛拉木的邮路横跨澜沧江，像两根辫子粗细的用铁丝拧成的溜索从 60 多米宽的江面上横过，溜索下就是滚滚的澜沧江。正是这两根溜索连通了澜沧江两岸的交通，成为两岸村民往来的唯一通道。

奔腾咆哮的江水吞噬过不少路人的生命，因此澜沧江也被当地村民称为“吃人江”。几年前，一位汉族志愿者在溜索处不幸坠江。一名邮递员和一名电信员也因赶时间合坐溜索，结果溜索绳子断开而坠江身亡。更让她心悸的是，她 16 岁的弟弟也是在澜沧江里出事的——捉鱼时不慎掉进江里，再也没有上来。

这些都在尼玛拉木的心里留下了浓浓的阴影。但是当她想到这是送邮件的必经之路，索道那头还有乡亲们日日盼望着来自远方家人的信件时，她又闭上眼睛坐上了溜索。如此几次下来，她也就慢慢习惯了。这些年来，尼玛拉木在这条溜索上来来回回了 1500 多次。

信件一旦背到肩上，就成了我生命的一部分

尼玛拉木身高只有 1.5 米，体重也只有 40 多千克，而她的邮包最轻时也有 15 千克，最重时二三十千克。尼玛拉木却说：“背不动也要背，因为是老乡们需要的，再苦再累也是值得的。”

她将这些信件视作生命，宁可自己受苦，也绝不让信件破损。

雪域高原上的天气多变，这会儿还是晴空万里，说不定过一会儿就会大雨瓢泼。尼玛拉木就吃过这样的苦头。

有一次，尼玛拉木看着天气晴朗，就没有带雨具，结果行走在一个山崖间时突然下起了大雨。“邮件绝不能受潮，那是比生命还重要的东西。”于是，她迅速找到一块大石头，把邮件藏在石头下，保护好。而她自己站在雨里，听任雨打风吹，又冷又饿又害怕，直到傍晚雨停才继续赶路。

从那以后，尼玛拉木每次出行都带着 3 块不同大小的油布，小的包裹邮件，中等的包裹邮包，而大的自己使用。“这样既不会弄湿邮件，也不会耽搁行程。”尼玛拉木说。

在绵延而漫长的雪线邮路上，尼玛拉木遭遇的比风雪还恐怖的是内心的寂寞。德钦县地广人稀，每平方千米的土地上只有 8 个人，她经常走几个小

尼玛拉木在翻山越岭

时都看不见一个人。只身翻山越岭，对人的心理素质是一种极大的考验。尼玛拉木常常边走路边唱歌，用歌声来排遣孤单和焦虑。

这样的环境对于一名男邮递员来说，都是艰巨的考验，更何况尼玛拉木这样一个瘦弱的女子呢！但是她能坚持，她说：“看到父老乡亲们打开报刊和信件时那种开心的模样，我的心就像灌进了一勺蜜，再辛苦也觉得是值得的！”

邮件的送达是第一位，自己的身体是第二位

尼玛拉木的人生信条是“认真工作，认真生活”。但工作和生活必须面临选择的时候，她往往选择了前者。

2001 年 5 月，怀孕 9 个月的尼玛拉木没有休息，照样行走在邮路上。虽说藏族农村妇女们习惯怀孕也不肯闲着，继续做家务活，但是一想到尼玛拉木要挺着个大肚子，背着几十千克重的邮包，翻山越岭，溜索过江，老所长桑称还是于心不忍，劝她休息。尼玛拉木说：“再跑两趟吧，我们农村妇女临产前还在地里劳动呢！”最后还是桑称强行“没收”了她的邮包，自己去跑邮路，她才肯歇下来。

但是，产后才 20 天，尼玛拉木就把孩子托付给母亲照看，靠村里的好心人喂奶和家里两头牦牛的奶喂养，她又重返邮路。

尼玛拉木的丈夫阿西布是尼玛拉木的同班同学。自从尼玛拉木当上邮递员后，他的生活就彻底改变了：他带孩子，做农活，做饭，做了过去由尼玛拉木做的活计。尼玛拉木要出班的时候，他还要起大早，帮她准备路上的干粮。由于忙着工作，照看孩子、做家务的活计，尼玛拉木都留给了丈夫，以至于丈夫被邻居们笑称为“尼玛拉木的媳妇”。

就这样，在家人的支持下，尼玛拉木认真工作，以艰苦的努力创下了无一封死信的纪录，从来没有延误过一个班期，没有丢失过一封邮件，投递准确率达到 100%。

邮包越重，老百姓越开心，我就越自豪

现如今，尼玛拉木的邮包里既有来自远方亲人的信件，也有给乡亲们的报刊，还有大山深处老乡们托她代购的部分小商品，比如药品、盐巴、针线、电话充值卡等东西。虽然这些不是她分内的事，但是尼玛拉木一想到乡亲们迎接她的笑脸时，立刻感到心里有一种说不出的幸福滋味。

她说：“我背上的邮包越重，老百姓就越开心，我也就越自豪。”尼玛拉木十几年如一日地行走在崇山峻岭间，每日背着沉甸甸的邮包，她深知自

己肩上背的不仅仅是普通的邮件，而是承载了藏族乡亲们对远方家人深深的思念。

今后的邮路依然艰辛而漫长，被社会和乡亲们广为认可让尼玛拉木感到责任也越来越大。她说：“只要老百姓开心，我再苦再累都是值得的。”

宋玉刚：为藏区孩子点燃希望之光

宋玉刚

全班 36 名学生，我要一个都不能少，一个不漏地交给中学老师。

提起电教室，一般人都会觉得这属于经济条件较好地区的学校的配备，但在西藏拉萨墨竹工卡县日多乡完全小学，远程教育也在电教室里开展得有声有色。这里的学生都掌握了电脑知识，教师们也能熟练地使用电脑制作课件，还能通过网络下载全国优秀课件。

这一切和学校唯一的汉族老师紧密相关，这位汉族老师就是宋玉刚。电教室是他最喜欢的地方，也是他花费心血最多的地方。他的电教室给学校带来了怎样的改变呢?

让藏区孩子用上了远程教育

1997 年 7 月，宋玉刚从拉萨市师范学校毕业，被分配到墨竹工卡县日多乡完全小学，从此踏上了育人之路。当时的日多乡完全小学压根儿没有什么电教室，学校里甚至连电都不通，学生们了解外面世界的唯一渠道就是老师在课堂上的讲授。

2001 年，宋玉刚通过全国自学考试考入南京晓庄学院开设的西藏大专函授班。两年的学习经历让他受益匪浅。也就是在这一学习期间，宋玉刚平生第一次见到了电脑。他回忆当时的情形是别人打开电脑，里面所有的图片依次展现了出来，这些场景一下子就把宋玉刚给吸引住了，他在原地足足站了两个多小时，一直在看别人是如何操作电脑的。电脑以及网络为宋玉刚打开了一个神奇的世界。

2003 年，教育部“李嘉诚基金会西部中小学现代远程教育”项目在西藏启动，掌握了一些计算机技术的宋玉刚被学校指派负责电教工作，电教室就是在那时候建立起来的。这时的宋玉刚已经有了多年的教学经验，思索的问题也越来越多，他深感自己的知识陈旧、僵化。电教工作像是一盏明灯，让宋玉刚找到了素质教育的路径，他开始忙碌起来，参加教育系统组织的各种培训。

宋玉刚（右三）在与同事们交流远程教学资源事宜

那时的宋玉刚除了上课，几乎把全部其他时间都用在了学习远程教育技术上。他一边学习，一边向上级领导请教，一边接收各级特级教师的优质课程，对相关的学习内容进行分类、下载、刻录。

墨竹工卡县由于海拔高，气候寒冷，一到冬天，电教室就像地窖一样冰冷。宋玉刚为了能尽快学会远程教育技术，很多时候都会学习到深夜，低温把他的手和脚都冻得麻木了，他只得在电教室里又跳又跑，以抵御寒冷。

功夫不负有心人，宋玉刚回到学校后，无私地将自己的劳动成果与所有老师共享，他自己做示范，带领全体教师做实验，教会了老师们如何利用远程教育资源提升自己的教学效果。

在他的努力下，远程资源终于在日多乡完全小学落地生根了。经过几年的努力，日多乡完全小学被授予“拉萨市远程教育模范学校”称号，2005 年被授予“西藏自治区远程教育示范点学校”称号，2007 年成功举办了国家教育部远程教育现场会。

一个都不能少

宋玉刚在给学生们讲解法律知识

刚来学校的时候，宋玉刚不会说一句藏语。他说的汉语，孩子们也压根儿听不懂。宋玉刚下决心攻克语言关，学习藏语。3 年后，他终于能够流利地使用藏语，和学生的家长沟通了。

日多乡完全小学共有 168 名学生，一到六年级各有一个班。日多乡属于牧区，牧民放牧都很分散，每年新生入学前，宋玉刚都要利用暑假时间和乡里的统计员一起到各个村子去发开学通知。如果家长们不主动前来登记，宋玉刚还会走很远的路去孩子家里做工作。

以前经常有家长借口孩子病了，接回家后就再也不送过来了，很多孩子小学毕业就回家放牧去了。宋玉刚家访时，就向这些家长介绍国家的教育方针，农牧民子女教育的政策和墨竹工卡县、乡对居民子女上学考入大学后的政策。宋玉刚几乎访遍了每位藏族学生的家。他的坚持感动了很多家长，如今，日多乡小学新生的入学率达到了 100%。

藏族娃娃的“汉族阿爸”

在墨竹工卡县的教学岁月里，宋玉刚因工作积极负责，为人谦虚进取，被选为六年级毕业班教师，担任综合教学。

综合教学的工作内容也是名副其实的“综合”，它包括汉语课、信息课等。他还同时兼任班主任和法制副校长、电教员等职务。除此之外，他每天还要负责寄宿生的生活起居。曾几何时，繁杂的生活琐事让宋玉刚觉得自己像是学生的“保姆”。

宋玉刚说，他每天早晨第一个起床，叫学生起来晨读。每天第一节课，他都会在班上询问学生有没有生病，有没有不舒服，并认真查找、记录下来。每当学生生病，宋玉刚就亲自带他们到乡卫生院就诊，并仔细询问病情。每次就诊，宋玉刚都坚持自己付医药费，有时医生劝他在医院登记一下就可以，因为学生的家长之后会带医保本来医院结账。但宋玉刚每次还是付了钱，因为在他眼里，家长把孩子们送到学校，就是对老师的一种信任、一种委托，他一定要让家长们放心。

宋玉刚的宿舍紧挨着孩子们的寝室。每天晚上，他都会仔细检查每间学生寝室，确认学生们都没事了，他才上床休息。有一年冬季，寄宿的部分学生深夜出现感冒发烧的症状，宋玉刚心急如焚，顾不得刺骨寒风，背起生病的学生就跑向乡卫生院，宋玉刚一直待到学生们都得到妥善医治，他才放心回校。

墨竹工卡县昼夜温差大，每年又有风季，学生们年纪小，非常容易感冒。所以宋玉刚家里常备一些感冒药、消炎药，这些都是他自己掏钱给学生们准备的。

宋玉刚所带的班级有一部分学生家庭比较贫困，每个星期，学生都穿同一双袜子，而且没有洗手、洗脚的习惯。宋玉刚就在班上统计出这些学生，带着他们到乡里的小卖部，给他们买袜子，教育他们要讲卫生。

在宋玉刚班级的墙上，有一个《谈谈你的未来理想》的小黑板报。这份黑板报显示，很多孩子选择的未来职业是老师，他们都表示长大后，要做像宋老师一样的好老师。

宋玉刚（右一）与藏族学生合影

对家人心怀愧疚

工作十几年来，从未休假的宋玉刚对家人满怀愧疚。宋玉刚说，母亲总会在电话里抱怨他不回家。每次通电话，父母的第一个问题总是："你什么时候休假回家看看我们？"宋玉刚每次听到这个问题都会心头一颤，他其实是深深地思念年迈的父母的，但他也牵挂着他的学生和工作。面对两难的选择，宋玉刚每次都选择了留下。

2004年，一位名叫德吉措姆的藏族姑娘调入宋玉刚所在的小学。宋玉刚渐渐喜欢上了漂亮的德吉措姆。两年后，他们正式结为伴侣，一个是汉族，一个是藏族，学生们亲切地称呼他们为"汉族阿爸""藏族阿妈"。

2012年6月25日，正好是墨竹工卡县六年级毕业班整班移交的时间。宋玉刚说："全班36名学生，我要一个都不能少，一个不漏地交给中学老师。"在交接中，宋玉刚既要保证学生的安全，又要照顾学生的生活。为了让学生尽快适应中学生活和学习环境，在移交的4天时间里，宋玉刚和学生们一起吃住。那时，他1岁零4个月的小女儿已经生病两天了，小女儿一直是宋玉刚的岳母在照顾。老人家当时已经67岁了，有心脏病和高血压，身体状态也不是很好。女儿由于重感冒导致肺部感染，高烧39.4℃，岳母在医院里急得直哭，可宋玉刚当时正忙着毕业班整班移交工作，根本抽不开身。一想到女儿承受的病痛，宋玉刚就特别难受。他说，他对于家人亏欠得太多。

其实宋玉刚不是没有机会调动到条件更好的地区。根据当地政策，在高海拔艰苦地区工作5年就可以申请调动到条件相对好一些的地区。然而，宋玉刚在这里一待就是15年。其间县教育体育局负责远程教育的领导看他工作成绩突出，想把他调到县里来工作，宋玉刚却选择了继续留下。他说，当时学校的远程教育工作刚启动，一时半会儿又没有培养出合适的教师来接任这项工作。同时他又带着毕业班，不忍心把他们半路丢下。

"看着孩子们对学习生活充满希望的目光，我心里只有一个念头，那就是教好他们，同时培养出更多的教师学习利用远程资源。"宋玉刚说。

2012年教师节前夕，中央电视台和光明日报社联合主办的"寻找最美乡村教师"大型公益活动评选结果揭晓，宋玉刚获得了"最美乡村教师"称号。

任霄泽：用奉献书写高原传奇

任霄泽

年轻人只有在祖国最需要的地方，踏踏实实地为国家富强、民族振兴做实实在在的事儿，才能真正拥有精彩的人生。

“德不优者，不能怀远；才不大者，不能博见。”任霄泽，一个平凡的青年人，正以青春的激情和高远的理想在不平凡的人生路途上踏歌前行。

任霄泽出生在体育世家，钟爱赛艇运动，他是清华大学优秀学生干部、优秀党员标兵，第11届亚洲赛艇锦标赛冠军，国庆60周年庆祝活动先进工作者……

大学毕业那年，任霄泽参加了研究生支教团，支教地点位于条件相当艰苦的西藏拉萨。一年的支教工作让他得到了学校领导和老师的高度肯定，雪域高原成了他日夜思念的地方。他挂念那里读书的藏族学生，思念那块曾经送他哈达的地方。

泪别西藏，难忘西藏。研究生毕业之后，任霄泽再赴西藏，做了一名普通的基层干部。因为他清楚地意识到，作为清华毕业生，就应当到祖国最需要的地方去。

任霄泽（左一）参加由团中央、全国项目办主办的大学生志愿服务西部计划宣讲会

谈到最初奔赴雪域高原的梦想，他动情地说：“去发达地区工作，自己仅仅是一朵‘锦上花’，而在西部的大舞台上，自己才是‘雪中炭’，祖国终将选择那些选择了祖国的人。”

支教西藏，结下深厚情缘

2007年8月，清华大学经济管理学院工商管理专业本科毕业生任霄泽，以专业排名第一的成绩成为清华大学第九届研究生支教团成员。由于身体素质较好，他被分配至位于拉萨北郊的西藏职业技术学院（以下简称“藏职院”）财经系支教扶贫。这是他第一次来到西藏，也是他与西藏结下情缘的发端。

那年冬天，藏族学生洛松次仁哭着跑进教师办公室找到班主任任霄泽，坚定地表示“要退学”，理由是母亲得了心脏病，他要回家照顾母亲。藏族学生的经历给从小在城里长大的任霄泽非常大的触动，他说：“我深切地体会到西部艰苦地区的落后面貌亟须改变，几乎在瞬间我决心一定要在这一年的支教中通过自己的努力，给我的学生一点帮助。”

藏职院成立于2006年，一切都处于初期建设阶段。初到西藏的任霄泽因此充实而紧张，他将清华的经验带到这里，积极开展“学十七大迎奥运”“知识竞赛”“财经系第一届学生代表大会”等学生活动。在教学中，他发现这里的学生不敢当众讲话，当代大学生应具备的才能有所欠缺。随后，他创新教学方法，大胆改变教学模式，让学生成了课堂上的主角，主动发言，活跃了课堂气氛。

藏职院院长阿齐的一句话使他陷入了思考。阿齐对清华支教团的同学们说：“我在想怎么才能把你们留下来，一直为西藏建设做贡献，因为这里的发展太需要你们了！”虽然是短短一句话，却触动了任霄泽的心。他想：如果所有人都抱着“迟早都要走”的心态来去匆匆，那西藏岂不是永远都需要支教？

在支教结束临行前的送行宴上，藏职院财经系主任拉巴用双手抱住任霄泽的脸，额头对额头，喃喃地感谢着他所做的一切：“这是我们藏族的最高礼节，太感谢你啦，你为咱们财经系勤勤恳恳地做了很多工作，财经系的学

任霄泽在藏职院上课

生工作在整个学院是最好的，你比咱们很多正式的老师做的工作都多。”

当回忆到这段经历时，他动情地说：“你对藏族同胞好一分，他就对你好十分。一年的支教让我萌生继续为这片土地和这里的群众服务的信念。当我离开时，看着胸前洁白的哈达，我默默对自己说：‘西藏，我一定会再来！’”

再赴高原，村官承载梦想

2010 年除夕，任霄泽回到太原与父母谈心：“爸妈，儿子不孝，我是国家花费大量资源培养出来的研究生，毕业后咱不能只顾自己的小生活，而应该到国家最需要的地方去。现在我还年轻，应该多做点有意义的事。请允许我趁着你们还能照顾自己，做一点有价值、有意义的事……”

一番长谈之后，父母最终理解了他的选择，任霄泽却整夜失眠。窗外辞旧迎新的欢呼声此起彼伏，他的心里满满地是两个字——责任！

带着对西藏这片热土的深情，响应国家的召唤，2010年毕业后，任霄泽告别他生活了八年的清华园，告别了泪眼婆娑的女友，奔赴西藏，成为山南泽当镇的一名大学生“村官”。

“当时同学们都忙着出国留学或与大型国企、外企签订就业协议，而我也有去中化集团等大型国企工作的机会，但丰厚的福利待遇、优越的物质条件并不是我想要的人生状态，我想念那些可爱的藏族娃娃，我牵挂那些质朴的藏族同胞。”任霄泽说。

泽当镇只是一个有着7000多人口的小镇，虽说是山南地委和行署所在地，但和任霄泽学习生活过的北京、太原等城市有着天壤之别。刚到泽当镇，不少当地干部都对任霄泽心存疑惑：这么一个连藏语都不懂、在大城市长大的“村官”，能干得好吗？然而，作为泽当镇行政办的一名工作人员，任霄泽卸下清华研究生的光环，褪去天之骄子的虚荣，努力融入基层一线。

他说：“因为我是清华大学的研究生，所以大家对我有更多的期待，不能给清华的牌子上添污点。但在基层，我并没有什么特别的优势，我告诉自己必须脚踏实地，从一点一滴做起，认真做好领导交给我的每一件事。”

一次，镇里几个人垄断了一个在建水坝的沙石搬运工作，引起了其他农民的不满，邻里之间常为这事起争执。任霄泽讲政策，摆道理，经过多次上门认真公正地调解，终于让几个当事人握手言和。

他在工作中积极实践、努力思考，取得了飞快的进步。一年之后，泽当镇镇长次旺罗布不仅打消了之前对任霄泽工作能力的疑惑，而且肯定了他的选择：“尽管村官的工作很琐碎，但小任都踏踏实实、认认真真地做好了。他以实际行动证明了自己的人生选择。”

扎根雪域，绽放青春风采

2012年4月6日17点，任霄泽还在办公室，突然接到妻子的电话：“我破水了！”然后就听到电话那边传出忙乱的声音。他的妻子破水时，怀孕还不到32周，这让任霄泽十分着急，当时就向组织部申请了休假，并买了第二天的飞机票，准备回杭州。

回到杭州，医生告诉任霄泽，妻子要剖宫产。由于是早产儿，女儿一出生就进了保温箱。任霄泽自责地想：要是自己不选择去西藏工作，多照顾妻子，妻子也许就不会早产……

假期很快就结束了，女儿从医院回家还不到一个月，任霄泽就要回西藏工作。临走前，他抱着襁褓里的女儿，怎么也不舍得离开，但是没有办法，西藏还有很多工作在等着他。“我们的女儿早产，养起来肯定要比一般小孩更费心费力，我在西藏没有办法照顾，就只能辛苦你一个人了。”任霄泽怀着亏欠的心情对妻子说。

“从杭州那四季如春的地方回到西藏，心里总会有一种很荒凉的感觉，有时真的会想我为什么要选择在这里工作，但是投入工作中，我就不会想太多了。”返回西藏，他似乎忘掉了一切，又投入到泽当镇基层工作中。

在泽当镇工作期间，任霄泽干得最多的事儿就是“写材料”。之后，他

任霄泽在拉萨市曲水县楠木保育院看望孤儿

被调往乃东县政府，他的工作依旧离不开“写材料”。工作中，这位清华大学高材生从未因为实现不了自己的理想和抱负而闷闷不乐或者拒绝“写材料”。“与原本在基层海阔天空的预期差距很大，但是总得坚持。”任霄泽说。

在西藏平淡的工作似乎没有给他太多施展才华的机会，但他并不急于求成，从小事做起，跟着当地领导下乡调研，深入基层了解情况，不错过任何一个可以学习的机会。工作不忙的时候，他自学《经济学基础》《公共财政学》，思考泽当镇民生问题的解决途径；他订阅有关学术期刊，学习行政管理前沿理论，结合实际情况，思考社会管理的方式方法。他还努力学习藏语和藏族文化，“现在的工作和学习，都是为以后能够做出更大的贡献做积累”。

3 年多过去了，任霄泽也从一名村官成长为泽当镇党委委员、宣传委员，主要负责宣传、文化工作。与老百姓一起干活、聊天时，他发现了《嘎尔巴谐玛》这部讲述西藏历史的藏戏。在他的努力下，《嘎尔巴谐玛》上了西藏自治区藏历“春晚”，并成功申报地区级的非物质文化遗产，目前他正为其申请自治区级的非物质文化遗产。

除此之外，他还负责整个泽当镇的网格化社会服务管理。这项工作，任霄泽用时最短，见效最快，并在自治区同领域中得到了区领导的认可。

任霄泽说：“年轻人只有在祖国最需要的地方，踏踏实实地为国家富强、民族振兴做实实在在的事儿，才能真正拥有精彩的人生。”

常金祥：用青春开出一朵绚烂的高原之花

常金祥

我只是做好我的本职工作，为了自己，也为了高原的人民有更好的生活。

作为一个父亲，他可能是不合格的，在海拔4650米的山上，向家里报一声平安，都成了一种奢望；

作为一个儿子，他可能也是不合格的，父亲病危，他日夜兼程，也没能赶回老家见父亲最后一面；

但是，作为青藏铁路的建设者，他是优秀的，而且是当之无愧的。

高寒缺氧的藏北高原，他默默坚守，不惧辛劳，品味甘苦。他叫常金祥，曾是中铁十九局集团青藏铁路工程指挥部财务部副部长，从2002年到2007年，他在西藏奋战5年，用青春开出了一朵绚烂的高原之花。

初到西藏：连续三天三夜无法入睡

位于世界屋脊的那曲县，气候极寒，年平均气温只有零下2.9℃。每年8级以上的大风天气超过147天，年冻结期可达8个月。在进藏之前，常金祥虽然对“一日有四季，十里不同天”早有耳闻，但真正踏上海拔几千米的雪域高原，随即而来的各种不适还是让他措手不及。

“在进藏之前，我们先在青海省的格尔木基地缓冲了一个星期。格尔木的海拔是2200米。”虽然在格尔木时还没有明显的高原反应，但常金祥和同在格尔木基地的同事每人买了一个氧气包，准备向青藏铁路指挥部驻地那曲进发。

820千米，15个小时颠簸，到那曲已经是凌晨3点。

“在路上看到那种环境，我都哭过。”当过兵的常金祥在部队里吃过不少苦，经历过不少艰难的时刻，但一路颠簸、缺氧，周围一望无际的戈壁滩，还是超出了常金祥的心理预期。

“缺氧就是叫你无法入睡，大脑兴奋，但是身心疲惫不堪。嘴唇、指甲盖都变色了，吃饭没有胃口，晚上也睡不好，脸色特别难看。刚到那曲的前两天我都没合眼，到第三天晚上还是睡不着，我就崩溃了。”凌晨2点，近乎绝望的常金祥爬起来收拾行李，准备不干了。

第二天一早，虚弱的常金祥碰到当年选中他一起进藏的指挥长卓磊。他无奈地告诉卓磊自己已经三天没有睡着了。而正当他准备提出回家的想法时，卓磊说:“这是很正常的,每个人刚到这里都是这样的,我们也都是这样过来的。今天下午会运来一批氧气罐，有氧气罐就会好一些的。”

听到这么一番话，又念及指挥长的一份信任、一份肯定，再想到之前已经有许多同志都是这样熬过来的，常金祥决定留下来。他告诉自己：一定要坚持下来。

环境艰苦：用车拉了现金到帐篷给民工发放

常金祥虽然是财务部副部长，但是在那曲人手不够的情况下，他身兼记账、出纳、劳资员等数职，需要服务1万名职工、干部。财务工作需要精神高度集中，不能出一点差错。在海拔4650米的高寒地区，常金祥目不转睛地盯着屏幕两

在海拔4650米的高寒地区，一边吸氧一边坚持工作成了常金祥的工作常态

小时就得吸氧气，否则就会视觉模糊。

“那时候西藏还没有银行代发业务，民工工资半年发放一次，全靠现金支付。有一年施工高峰期，我们用车拉了两三百万元现金，到每一工点民工帐篷里发放。最远的一个工点在安多县，离我们指挥部有 100 多千米。我们一连跑了好多天才将工资发完。”高原缺氧，路途遥远，资金安全保障等问题给常金祥和同事们的工作带来重重困难。

“民工生活不容易，有的家里困难，想着他们说不定等着这笔钱生活，每次我们都想早点将工钱发放到他们手中。”常金祥非常体谅民工的心情，对工资发放工作一丝不苟。

在这样一个岗位上，加班加点对常金祥来说是家常便饭，辛劳的付出总会有回报。

2005 年 7 月，为迎接国家审计署对中铁十九局集团青藏铁路工程指挥部的财税审计工作，常金祥和同事们一起不辞辛苦地整理账目，保质保量地完成了工作任务，受到青藏铁路总指挥部、局集团公司的高度评价。常金祥本人也荣获了“建功立业奖”“优秀共产党员”等荣誉。

参与修筑青藏铁路的工人的宿舍

常金祥在雪域高原留影

但常金祥对自己最满意的工作，则是协助单位将员工的医疗保险实行自管。“比如对医疗费进行改革，更加有效地防范了高原病。为此我们跟那曲地区税务系统进行了很多沟通。”医疗费的改革，切实地便利了在藏区奋斗的职工们。

除此之外，常金祥还参与了环保方案的制订。“刚到西藏的时候，我就觉得西藏的天空特别蓝，但这里的生态系统很独特，生态环境也是非常脆弱的。如何在青藏铁路的建设过程中，保护好沿线的一山一水、一草一木，是非常重要的。”虽然青藏铁路的环保方案没有任何经验可以借鉴，但常金祥还是以高度的责任心，将环保方案制订了出来。

愧对家人：没有见父亲最后一面

坚守在条件艰苦的青藏高原，常金祥饱受高原反应的折磨，他经常感到头昏头痛、胸闷心慌、厌食作呕，严重的时候还流鼻血。回到宿舍，常金祥对亲人的思念之情往往油然而生。他想念儿子，想念妻子，也想念年迈的父母。

“我和大多数人一样，上有老下有小。我上青藏的时候，女儿只有6岁，妻子一个人带着，双方父母都靠不上，她很操劳，吃了很多苦。虽然谈不上愧疚，但我很感激。她是一个贤惠的妻子，在工作方面很支持我的决定。”常金祥的妻子原来和常金祥是同事，结婚以后，为了支持常金祥的工作，她辞去工作，专心照顾家庭。

有一个贤内助让常金祥很安心，但也有些遗憾。

“2004年6月，我爸病危，我得到消息后马不停蹄地赶回家，也没能见他最后一面。”常金祥顿了顿，又说道，“父亲的去世对我来讲是这一辈子的遗憾。”此时一个儿子的心痛溢于言表，他在青藏高原上挥洒的不仅仅是汗水，也有泪水。

“其实我真的很平常，没啥亮点。我的很多同事都比我付出更多，我只是做好我的本职工作，为了自己，也为了高原的人民有更好的生活。”常金祥说道。

宋征：绽放在雪域高原的“医护之花”

宋　征

我是科内的入党积极分子，各方面又符合援藏条件，我不去谁去！

“援藏是一种缘分，更是一种责任；是一次历练，更是一生的财富。人生总有那么一段岁月令人终生难忘，人生总有那么一些朋友叫人永记心间，人生总有那么一些事情成为新的起点。”援藏的时光就是一段令宋征难忘，同时开启她人生新起点的时光。

轮值夜班 62 个，接生新生儿 112 例，协助指导分娩 261 例，参与产妇抢救 4 例，参与新生儿复苏抢救 17 例，复杂伤口缝合 16 例……这些数字来自宋征 2013 年 7 月到 2014 年 7 月的援藏工作量化表，这些数字记录着她在援藏工作中付出的艰辛和努力，这些数字铭刻着她在拉萨的担当与坚守。

和宋征交谈总是让人有种如沐春风的感觉，热情爽朗的她正利用难得的假期在家陪孩子，脱下“白色战袍”的她也是一个普通的母亲，说起为了别人的孩子舍弃陪伴自己的孩子这件事，宋征说：“天下没有哪个妈妈不爱自己的孩子，但是哪个援藏医生不是舍弃小家、顾全大家呢？我只是在做我认为有意义的事而已，既然穿着白大褂，那么就要对得起它。”

不畏艰苦的援藏勇士

2013 年 5 月，北京妇产医院党委将援藏任务下达至科室，要求选拔具备护师职称并且思想政治优秀的人员前往西藏支援医疗。

工龄满 13 年并且晋升护师多年的宋征听闻这个消息后，毫不犹豫地在第一时间报了名。当时，宋征的孩子还不足 4 岁，家人和朋友都劝她再想想。但是宋征很坚定，没有一丝迟疑。她说：“我是科内的入党积极分子，各方面又符合援藏条件，我不去谁去！”

2013 年 7 月 9 日，宋征经北京市委组织部、北京市卫生局、北京妇产医院选派来到了拉萨，成为了第七批援藏医疗队中的一员，正式开始了她的援藏生活。

进藏前，宋征仔细阅读了前几批援藏干部写的文章，对高原的恶劣环境有了一定的心理准备，但是初到高原的她还是出现了高原反应。

“一年前，当飞机到达拉萨贡嘎机场上空开始下降时，缺氧的感觉就向我袭来，呼吸不觉中开始加快，血氧饱和度也开始下降。等来到候机楼取行李时，我已经头昏脑涨了，脚下如同踩在棉花上一样轻飘飘的。哪怕是稍微加快脚步，我就有上气不接下气的感觉。简短的欢迎仪式和晚餐过后，我的脑袋已经完全发蒙，整个人昏昏欲睡。”初到拉萨的感觉至今仍让宋征记忆犹新。

之后的 3 天里，宋征每天的血氧饱和度只有 75%，心率 110 次 / 分 ~120 次 / 分，整天睁不开眼睛，也吃不下去饭，3 天就瘦了 3.5 千克。

剧烈的不适并没有吓倒宋征，她仔细查阅相关资料，寻找克服高原反应的方法。一周后，宋征凭借自己的毅力和决心成功地战胜了高原反应，可就在她刚要投入援藏的医疗工作中去的时候，又一个困难出现了。

喝酥油茶、吃糌粑、讲藏语的援藏医生

藏区的百姓长期食用酥油和糌粑，宋征第一次走进拉萨市妇幼保健院时，就被病房里刺鼻的气味熏到了，一时间难以适应。

为了能尽快融入新的环境，更好地开展工作，宋征开始向身边的藏族同事学习，也喝起了酥油茶，吃上了糌粑。她开心地说：“连我们科主任都说我是第一个在这么短时间内就能和科室里的人一起喝酥油茶、吃糌粑的援藏医生！”

为了方便工作，宋征还向藏族同事学习藏语，很快就成为了第一个用藏语与患者交流的援藏医生。科室里的同事都十分喜欢宋征，还给她起了一个藏族名字——梅朵，意思是高原上的一朵花！

设身处地地为产妇着想

藏区的工作人员多数没有走出过西藏，医护技巧大多是由历届援藏医生传授的，所以很多医务人员的技术很不规范。看到这个现象后，宋征在到藏

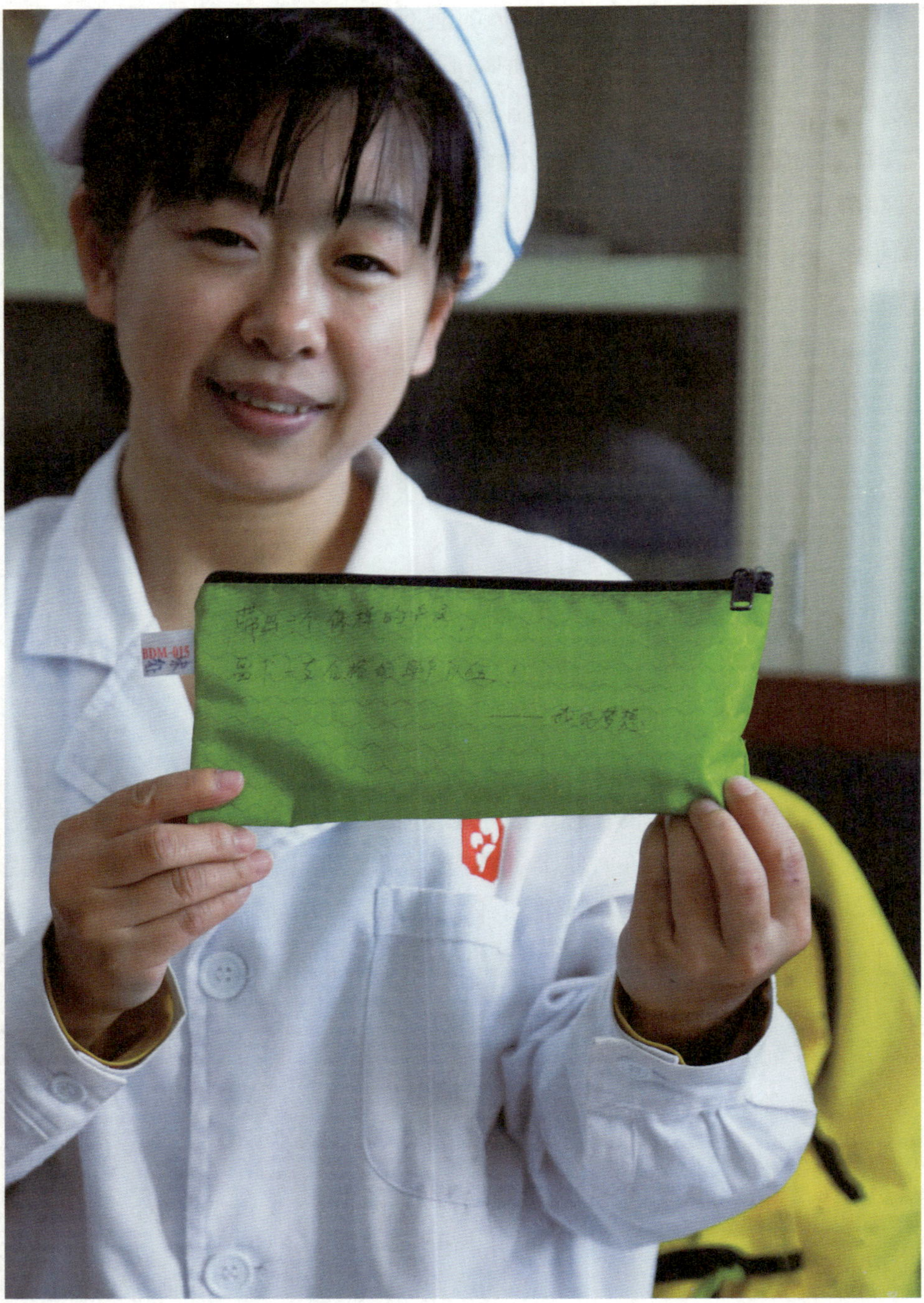

宋征的梦想

的第三个月，就主动要求进入夜班轮值。因为产科的特点是夜班的产妇分娩量比白班多，因此只有值夜班才能更好地指导助产人员，以提高助产人员的助产技能。

由于医院条件有限，“早接触、早吸吮、早开奶”的措施在临床实践中被迫简化了许多。宋征开动脑筋，费了一番心思，与科室领导商量，将产房中的设施、设备进行重新规划，挪动产床、新生儿辐射台、婴儿秤的位置，使其物尽其用，更提高了产房的环境温度，减缓了新生儿体温的丧失速度，整体上使得“三早”措施得以正确实施，提高了母乳喂养的成功率。

为了更有效地提高本地医护人员的工作技巧，宋征与院领导、科主任、护士长协商后，根据实际情况因地制宜地建立了一系列管理制度。

随着“定期授课”制度、“晨课”和“病历分析”制度、统一“五大助产专科技术操作”评分考核等制度的实施，科室工作人员的整体工作水平有了大幅度提升。

全心全意服务藏区人民

2014 年 6 月 14 日是第 11 个世界献血者日，宋征主动请缨要为藏族同胞献血。得知她要去献血的消息，一些其他行业的援藏人员怕她身体受不了，劝她说：“你进藏后都瘦了 6 千克了，再献血，身体会吃不消啊！”

其实对宋征而言，高原献血这也是头一次，但作为医务人员，献血不会对身体造成伤害这一常识她是熟知的。她说：“全世界每天约有 800 名妇女死于妊娠或分娩相关并发症，而绝大部分都发生在发展中国家。和其他发展中国家一样，产科出血是我国孕产妇死亡的第一死因，而 90%可以通过安全输血避免。身为产科医护人员中的一员，对此我应该做出榜样！”

2014 年 6 月 10 日，拉萨市妇幼保健院党员大会一致表决通过宋征成为中共预备党员，她是第七批援藏人员进藏后发展的第一个中共预备党员。

宋征的医疗援藏工作原本是从 2013 年 7 月开始，1 年后结束。但由于工作需要，她又主动申请了 1 年。

谈到工作和生活的平衡，她说：“去年走得急，连儿子 4 岁生日都没赶上，

宋征进行日常查房工作

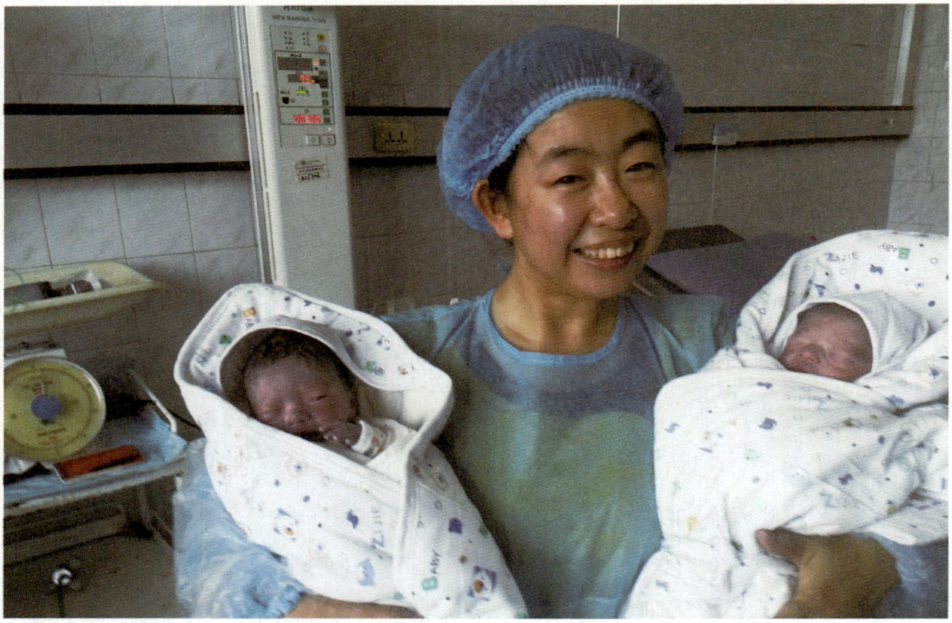

宋征接生的一对龙凤胎

作为一个母亲，我还是觉得很遗憾的。在藏期间，我与爱人都是用短信联系，为了不让孩子对我有过多的依赖，我每月只有一次与孩子视频联系，限时20分钟。一开始，我们都会不适应，但慢慢习惯了，也就好了……”

说起医疗援藏的感受，宋征说：“给我印象最深的就是这里非常真挚的医患感情，我只做了一些我认为自己应该做的，产妇和家人就会感谢万分，让我觉得很温暖，让我更想为他们多做一些，让我觉得自己所做的一切都是有意义的！”

李永强：雪域高原的暖心人

李永强

我是法医，尸检是我的工作，我的职责就是替死人说话。

“粉红色”的职业：慰藉心灵，给人温暖

李永强，西藏昌都地区公安处刑科所唯一一名法医，参加公安工作10年来，他用青春温暖了雪域高原。他的人生信条是“有付出才有收获，踏踏实实做人，认认真真做事”。

医学院毕业后，李永强和他的大多数同学一样，怀揣着救死扶伤的理想，成为了一名外科医生。

但在做普通外科医生的几年中，李永强的职业生涯比其他人多了几分色彩，他多次运用专业的医学知识协助公安部门完成法证鉴定，也从此逐步接触到法医工作。

“刚开始我多少还是有些抵触法医工作的，毕竟我是一名救治活人的医生。”李永强说。

但就是在一次次的法证鉴定工作中，李永强意识到，作为一名普通的外科医生固然能够救死扶伤，法医却能将死难者们自己无法说出的遭遇告诉世人，还原事件的真相。也正是因为有了严谨的法医工作，刑警同事们才能更快更好地破获案件，不冤枉一个好人，不放过一个坏人。

因此李永强选择成为一名真正的法医，他说：“这份职业有它的神圣价值。”

8月的边坝县尼木乡燥热异常，李永强提着20多千克重的检验“宝贝”与专案组刑警们步行40多千米山路来到案件现场。

由于报案时间与死亡时间相距20余天，死者的尸体已被流沙埋上了。被挖出时，尸体已高度腐烂，长满肉蛆，臭气熏天，在场的人都不得不屏住呼吸，捏着鼻子走开了。

李永强却一个箭步冲上去，说：“你们先在一边等着，我很快的。”他麻利地使用着钳子、锯子、镊子等工具，沉着冷静地检查着尸体，不放过任何证据。

尸检过后，他走到哪里，腐尸的恶臭味就被他带到哪里。同行的人因受

不了这味道，都不敢与他同住。

有人问李永强：“你难道不怕臭吗？你体内是不是有抗臭特异功能？”

他却只是淡淡地一笑，说：“我是法医，尸检是我的工作，我的职责就是替死人说话。”

“李法医真是个汉子，尸检的脏、累、苦，他一点都不放在眼里。在鉴定的过程中，不能犯一点点错误，也不能忽视任何蛛丝马迹，每一个细节都要抓住，也要掌控全局。”与他并肩作战多年的昌都县刑警大队指导员吴东升说。

十年如一日，李永强怀着对法律、对人民、对党的无限忠诚，凭着对公安法医工作高度负责的态度和爱岗敬业的精神，用自己的满腔热忱和纯熟的业务技能，创造出一个又一个惊人的数字：共出现场450次，出具尸体检验鉴定书500余份，为约600起案件做出法医物证检验鉴定，做法医活体损伤检验鉴定1000余次，并且无一差错。他出色地完成了一个又一个艰巨任务，受到了领导和同事们的高度赞誉。

“我用粉红色形容我的职业。”李永强说，“粉红色让人感觉温暖。我想，通过我们的认真工作，多少能够慰藉死者家属的心灵，这大概是一件很温暖的事情。”

感愧的人生：忠孝难全，敬谢家人

“父亲病危，速回探望！”2007年1月，李永强的妻子从河南安阳老家发来紧急信息。

而此时李永强正在乡里侦办一起重大案件。这个消息如同当头棒喝，让刚强的汉子一下子栽倒在雪地里。

当李永强苏醒后，他静下心来认真考虑：是向领导汇报情况请假，还是继续办案呢？母亲早已过世，如果不回去，如何对得起父亲的养育之恩？但如果在这关键时刻撂下挑子就走，必然会影响案件的侦破。

自古忠孝难两全，在经过反复激烈的思想斗争之后，工作和家庭亲情之间，他忍痛选择了前者！

李永强生活照

李永强把对父亲的爱转化为强劲的工作动力，穷尽自己所能在最短的时间里完成了案件的侦破任务。但他也因此没能见父亲最后一面，永远失去父亲的同时，也留下了一生的遗憾与愧疚。

李永强在单位的工作成绩让人赞叹，但在家里他曾经被指责为“不负责任的男人”。

女儿李艳云在四川成都读小学的时候，一想爸爸，就打电话说：“爸爸，你和妈妈都不回来看我，我好想你们呀！你们是不是不要我了啊？”

面对女儿稚嫩的疑问，李永强只有强忍泪水，安慰女儿说：“爸爸是一名法医，随时都可能出警，去抓坏人。等工作不忙的时候，爸爸一定回来看你！”

“这可是你答应我的，可不能再变卦了，你们大人要说话算数。”女儿期盼着。

这一骗就是5年。随着女儿年龄的增长，父亲的愧疚也与日俱增，但女儿多年的祈盼渐渐化为对父亲的理解与支持。不用过多的解释，父亲的爱，女儿懂。

面对妻子，李永强却“强硬”了很多。

丈夫的辛苦，远在西藏自治区人民医院妇产科工作的妻子看在眼里，疼在心里，担心丈夫工作太累，身体吃不消，多次劝他改行，甚至“威胁”丈夫说，要么调往拉萨，要么就在昌都干一辈子法医，一辈子与尸体打交道，永远不要回家。但李永强犯了倔，只跟妻子说：“职责所在。”

当有人问道：“你这样，不觉得委屈了妻子吗？”

李永强笑着说：“她一定能理解我的，网络上不是有句话叫‘中国好老婆，尽在医院工作’嘛。我原来在县上工作，调到公安处时，我就对处领导保证过，只要没有特别特殊的情况，我就要一直干法医，决不改行。我不能说话不算话啊。就因为咱们昌都太缺少法医了，我才更不能离开。”

“很感激我的妻子与岳父母，他们最终都选择了支持我的工作。”李永强说，“尤其是岳父岳母，都年近八旬了，还在帮我带女儿，解决了我的后顾之忧，让我可以全身心地投入工作中。”

朴实的铁汉：唯愿能用诚恳形容自己

因为文化和宗教的缘故，西藏的老百姓通常会为死者举行天葬或者水葬。因此，法证工作必须与之配合。如果死者需要天葬，法医就会在天不亮时先到相应地点开展工作，不能耽搁葬礼的进行。

“老百姓会不理解我们的工作。”李永强说，“这就更需要我们认真对待。我们会调整自己的心态，给老百姓做工作。我们会尽量尊重当地的风俗习惯，在可能的范围内调整工作方法。在完成工作任务的同时，维护好民族关系，也让老百姓逐渐信任我们，支持我们。”

李永强用认真踏实的工作态度、灵活适宜的工作方法、令人敬重的工作成绩，获得了属于他的荣誉。他于2007年到2009年连续三年获得“地区公安处嘉奖”；2011年，荣立三等功一次；2012年，被地区评为“十佳人民满意公务员”荣誉称号；2013年，被评为“昌都地区2012年度维护社会稳定工作先进个人”“昌都地区2012年度十佳公务员”“西藏自治区中国梦·最佳爱岗敬业模范”，并荣获第九届“西藏青年五四奖章”。

说到荣誉，李永强的话语同他的笑容一样朴实：“荣誉越多，责任越重。作为一名刑警，我在今后的工作中，将继续牢记全心全意为人民服务的宗旨，继续帮群众做好事，解难事，尽最大努力做好本职工作。”

“李永强常年身在基层，每时每刻面对着常人难以面对的情形。他用一颗最热忱的心，用一双最有力的手，用一份最真诚的态度，履行着人民公安为人民的诺言。”地区公安处禁毒支队支队长陈昌林说，“他是我们公安战线的杰出代表，是法律和正义的捍卫者，是人民群众的保护神，是一名始终为公安法医事业奋斗不息的铮铮铁汉。”

有人说他铁骨铮铮，有人说他侠骨柔情，李永强则说：“诚恳。因为工作的特殊性质要求我们必须实事求是，容不得半分虚假。”

李素芝：门巴将军

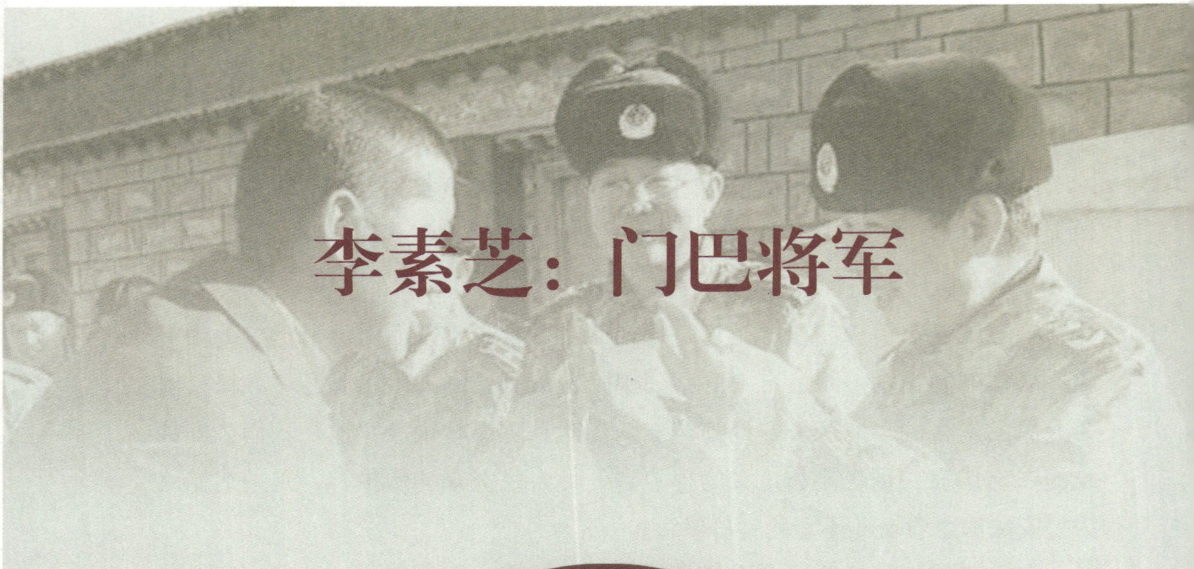

李素芝

宁负家人，也不能负藏族人民。

心跳，是他最陶醉的声音。

进藏40年，他还是习惯先用手把听筒捂热，再贴近病人的心房。那个用了16年的听诊器，圆头被磨得锃亮，上面留着边防哨所官兵的体温；胶管有些老化，里面回荡着藏族同胞的心跳。

眼神，是他最难忘的风景。

进藏40年，他几乎走遍所有的连队、哨所、寺庙、牧区。孩子纯洁如水的眼神，老人病痛解除后舒缓的眼神，牧民们因感激而泪花闪烁的眼神，都印在他心底长长的画卷上。

白色，是他最着迷的颜色。

进藏40年，皑皑雪山留下他巡诊的足迹，朵朵白云见证他的医者仁心，藏族同胞送给他的洁白哈达，1万多条，层层叠叠，“嘎吱”压断过家里的木架。

他从1976年开始，40年，每年下乡巡诊的时间超过4个月，与他百万千米行程相携而生的是西藏农村健康水平的大幅提升。

他22岁扎根高原，40年，14600多个日子，雪花将黑丝染成白发，但踏遍雪山人未老，他的笑容依然爽朗，步履仍旧铿锵。

高原农牧民提到他，总会骄傲地说“咱们的门巴将军”。“门巴”是藏语里医生的意思，是最受爱戴和崇敬的人物。

他是西藏军区副司令员兼西藏军区总医院院长李素芝——跋涉在天路上的生命使者。

高原“一把刀”

在西藏，生与死之间，有着世界上最近的距离。生活在世界屋脊的人们，患先天性心脏病的几率是平原地区人们的两三倍。

李素芝1978年调到西藏军区总医院工作时，主管的第一个病人卓玛就因先天性心脏病医治无效，停止了心跳。

临终前，姑娘求生的双眼紧紧盯住李素芝，没有合上。当白床单盖住卓玛时，李素芝为自己的回天乏术感到深深的愧疚。他下定决心攻克在高原体外循环心内直视手术这一世界公认的医学难题。

后来，医院太平间旁一间不到 10 平方米的旧仓库被改造成了一间简陋的实验室。在这里，李素芝一干就是 20 年。

当时，他还是个默默无闻的小军医，没有专门的科研时间，全靠在晚上和节假日里挤；没有实验器材和药品，全靠自己掏工资四处托人从内地买；为了做动物实验，壮着胆子去野地里抓野狗；为了节约经费，厚着脸皮去各个食堂讨要狗粮。

有一次，为了给一条大黑狗做心脏手术，李素芝在狗房里守了 3 天 3 夜，又困又累，他竟躺在地上睡着了。醒来一起身，狗就向他猛扑过来，狠狠地咬了好几口，至今他腿上仍留着疤痕。

7000 多个日日夜夜，经历大大小小失败 200 多次，李素芝守得云开，终见月明。

2000 年 11 月 10 日，这是一个值得医学界铭记的日子。历经了 2 小时 46 分钟，世界首例海拔 3700 米以上“高原浅低温心脏不停跳心内直视手术”成功了！

鲜为人知的是，手术的对象，是李素芝妻姐的 6 岁孙女莹莹。李素芝说：“如果首例手术失败，宁负家人，也不能负藏族人民。”

道贺的电话、短信、信件涌向高原，人们纷纷向李素芝祝贺，他却不住地叹息：“让病人整整等了 20 年，作为医生，我心里有愧！”

手术成功后，李素芝更忙了。40 年来，他主刀手术 13000 多例，抢救垂危病人、重大手术 600 多例，成功率 98%。“雪域神医”“高原第一刀”是人们给他的美誉。

在中国乃至世界的高原医学领域，李素芝的贡献数不胜数：

主持研制高原康胶囊、花虫胶囊、高红冲剂等 15 种新型药品；

发明创新 150 多项医疗新技术，其中 20 项世界领先，36 项国内首创，87 项填补高原医学空白。

研究攻克急性高原病的救治难题，将发病率从原来的 50% ~60%降低到

西藏军区总医院医疗队翻雪山赴西藏边远特区巡诊

2% ~3%，发病后抢救时间从原来的 7~10 天缩短至 24 小时之内……

功成名就之时，有人选择急流勇退，有人选择坐享其成，李素芝仍旧栉风沐雨地奔波在巡诊路上，夙兴夜寐地站立在手术台前。

现在的李素芝，在日常处理公务、开会出差、专家门诊、疑难病症会诊之外，每周还坚持做 4~6 台手术，有时甚至做八九台手术，这一工作量是一般医生的四五倍。

西藏军区总医院病案室记录着一组让人过目不忘的数字：仅 2012 年 1 月 1 日至 4 月 20 日，李素芝成功实施 145 台手术，其中 112 台是风雪巡诊路上完成的……

这么多年过去了，素芝还是这么玩命

“他一巡诊，就来劲！”跟随李素芝巡诊过的医院领导都这么说。

“越是偏远的地区，越是缺医少药，那里的官兵和藏族同胞越是需要我们。”李素芝有一张翻得都起了毛边的西藏地图，上面密密麻麻地做满了标记，有的地点画了三四个小圈，说明已经去过三四次。连地图上没有标示的小村庄，也有过巡诊队的足迹。

喜马拉雅山是世界上最大的山系，横亘其间的雪山连绵不绝，巡诊路长逾千里，穿越的大小雪山有上千座。他们每一次出发，都是有着未知危险的远行。

2005 年春节巡诊，目标班戈县。

海拔 5300 多米的库拉山上，暴风雪突袭，气温降到零下 30℃。医疗队的车陷在 1 米多深的积雪中，动弹不得。

李素芝带头下车扒雪，推车，狂风把呼喊的声音都吞没了。寒冷与疲劳使刚刚经历阑尾手术的李素芝昏倒在雪地里。紧急吸氧 10 分钟后，极度虚弱的他才缓了过来，带着大家继续抢险自救。

经历 4 小时的顽强拼搏，他们终于脱险了。深夜 11 点，医疗队到达仲巴县县城，众人精疲力竭。但闻讯前来看病的农牧民还等候在医疗队住所前。

“大家辛苦点，我们帮群众看完病再休息。”李素芝带着同志们开始忙起来，看完最后一位病人，已是凌晨 3 点。

2008 年，李素芝赴工布江达县巡诊。

海拔 5000 多米的米拉山上，汽车相继趴窝。李素芝带领一支巡诊小分队踏雪而行，走向 10 千米外的加兴乡。

没戴墨镜在雪地里跋涉，他的眼睛很快眯成一条缝，看不清物体。他用手搓揉眼睛，泪水瞬间就从指缝间流出……无奈之下，他用黑纱蒙住双眼，在队员的牵引下向目的地艰难地移动。

泥洋河的支流挡住了去路，水流虽然不大，却寒冷刺骨。队员们望而却步。李素芝取下黑纱，用冰水敷了敷眼睛，带头涉水过河。脚一接触雪水，毛孔瞬间收缩，没走几步就已麻木。

他回头笑着对迟迟没有下河的队员说：“雪水好比麻醉剂，走在河里没感觉！”经他一鼓动，大家纷纷下河，迈向加兴……

2012 年“五一”前夕，“流动医院”又一次出发。

海拔近 5200 米的那根拉山上，放眼望去，皆是白雪。路在哪儿？

前方，是一片只有 3 户牧民的草原。有人劝他：“那个地方没几个人，有没有需要我们治疗的患者都说不准，要不我们先返回？”“不去看看，怎么知道？”只见李素芝紧了紧身上的大衣，抱着药箱大喊一声：“跟我来！”说完就从山上往下滑。

“啊！”队员们一声惊呼刚出口，李素芝的身影已淹没在腾起的雪雾中。医疗队员都照着他的样子，纷纷往山下滑。他们的身后，留下一道道深深的雪沟……

翻雪山，蹚冰河，冒风雪，顶烈日，战风沙，巡诊一次来回至少要个把月，严重的高山反应，折磨得人就像跑了一遍生死路。

李素芝的驾驶员估算过，他开“一号车”随院长巡诊，上千次搏斗暴风雪，数百回征战塌方、泥石流。随队出诊的医护人员也记不清，李素芝在巡诊路上受过几回伤。

最近的一次巡诊，李素芝和医疗队在暴风雪中被围困了 11 个小时才脱险。一位从西藏军区总医院转业多年的老专家闻之哽咽：“这么多年过去了，素芝还这样玩命！”

“一年不去几次牧区巡诊，我心里就不踏实。党和人民给了我太多荣誉，我只有花更多的时间送医送药，才对得起厚爱。”历尽劫难的李素芝，只道是平常。

李素芝总说巡诊路上的事不值一提，但有一件事例外。

2009 年在平均海拔 4700 米左右的聂荣县，身怀双胞胎的 36 岁藏族孕妇松江难产，生命垂危。零下 20℃的雪地里，开启手术车，李素芝执刀，保住了母子三人的性命。

孩子的父亲手捧哈达，千恩万谢。

李素芝说：“你们该感谢的是共产党。我是一名老党员、老军医。”于是两个孩子分别被取名为“谢党”和“谢军”。

为党立碑，是李素芝进藏 40 年来的神圣追求。他常告诫年轻医生：“我们做的每一件事，群众都会记在党的身上。对群众多一份责任和爱心，就能为党赢得更多的信任和拥戴。”

李素芝（左一）在为藏族群众看病

“哎”=“爸”的苦涩和幸福

藏族有一首民谣，当中有一句唱道：“月圆时将军也会寂寞，妻子和女儿是他的珍珠和花朵。”

门巴将军是藏族同胞嘴里的“活菩萨”，同事们说他工作起来是“超人”，然而李素芝也只是个普通人，有七情六欲，也有痛苦软弱。

女儿李楠，长到18岁才第一次，也是唯一一次在电话里叫了他一声“爸爸”。

每说到这里，李素芝总是满怀愧疚：“这个孩子，我从小没有疼爱过她。我几十年在西藏工作，几年不回家是常事，孩子不理解我，对我有怨气。一次，我打电话到家，李楠说：‘妈，你的电话。’她妈问：‘谁？’孩子说：‘他！’一次我回家，李楠故意问我：‘你是谁？’她妈说：‘傻孩子，这是你爸啊！’李楠说：‘不认识，他住哪儿？’”

直到如今，李楠还是用“哎”代替“爸”。她从第三军医大学博士毕业后，成为西藏军区总医院的一位优秀牙医。在工作中，她才真正理解父亲的伟大。

“过去说理解爸爸，是因为看了那么多记者写的爸爸的事迹。现在说理解爸爸，是因为在那次风雪巡诊路上，看到了藏族同胞对爸爸的感情。”李楠说。

大雪纷飞中，医疗队转为“流动医院”后的第 110 次出征。这是 2012 龙年新春，是李楠长这么大以来，一家三口在一起过的第二个团圆年。

除夕前两天晚上，海拔 5000 多米的那曲双湖多玛乡，藏族牧民德吉措姆心跳、呼吸骤停。李素芝来不及找纱布，就毫不犹豫地俯下身子，口对口地给德吉措姆做人工呼吸……

德吉措姆苏醒了，李素芝却因缺氧满脸发紫，身体摇晃，几欲跌倒。

“菩萨兵哪，谢谢你！谢谢你的救命之恩！”德吉措姆的家人流着泪不停地道谢。李素芝说：“不要谢我，要谢就谢共产党！”

“要谢就谢共产党！”这句话，李楠过去在新闻报道中读了不知多少遍。这次，是第一次亲耳听到爸爸这样说。

“他真是这样说的，脱口而出，自然而然，想也不想。”李楠这样说的时候，脸上闪烁着圣洁的光芒。

即便如此，那一句“爸”，李楠还是叫不出口。遥远的距离和长久的疏离，把这声“爸”锁在了李楠心里。

“我怨恨过这个‘不称职’的爸爸，长大后我才真正理解，他把爱都给了西藏老百姓。我心里明白，但就是叫不出口，不习惯了。”

李素芝说，女儿结婚后更知道父母养育她有多不容易。

女儿说：“您头发白了，好好去染一下啊！”

女儿又说：“您也太不注意形象了！我给您钱，您去买几件好看的衣服啊！”

李素芝说，女儿给他买了休闲装、夹克什么的，但他还是喜欢穿军装。

女儿对爸爸有各种要求：“哎！您脸黑，我给您买面霜，您好好擦擦脸吧。”“哎！您把头发梳一梳，弄得更精神一点吧！”“哎！您背都驼了，挺一点！”女儿在李素芝背上捶了一下。

58 岁的李素芝顿时乐不可支，幸福地笑着，像个孩子……

你为群众做点事，群众就把心肝都掏给你

李素芝是幸福的，因为他拥有许多许多爱。说起藏族同胞与他之间的感情，他眼睛里有种温柔的光："第一次打动我的，是一个苹果。"

1976年，在李素芝的强烈要求下，他被分到了条件最艰苦的边防团卫生队。

一次巡诊中，李素芝认识了患类风湿病瘫痪在床的孤寡老人达珍。例行的巡诊结束后，老人紧紧拉住他的手说："孩子，你是个好人，是个好金珠玛米（解放军），是个好门巴，你还会来吗？"看着达珍阿妈期盼的眼神，李素芝说："阿妈，你放心，我还会来的！"

从那以后，一有时间，李素芝便到达珍阿妈家，看病送药，洗衣做饭，打扫卫生。经过一段时间的治疗与护理，老阿妈的病情逐渐好转。持续了近两年的精心治疗，她竟奇迹般地站了起来！

不久后，李素芝被调到西藏军区总医院。达珍老阿妈听说李素芝要调动工作，就每天守在门口，等着为他送行。临走那天，风雪交加。在走出营门的那一刻，李素芝愣住了：

漫天的鹅毛大雪中，达珍老人举起哈达，双膝跪倒，又从怀里摸出一个不知珍藏了多久、已经发蔫的小苹果，硬塞到李素芝的手中，亲眼看着他吃了下去。

"那天，我流泪了。你为群众做点事，群众就把心肝都掏给你。作为一名党员、军人、医生，我觉得，这是一种幸福。"李素芝说。

40年中，这种幸福不断在延续。

忘不了，那患严重脊柱侧弯的小女孩卓玛，康复出院时，向他献上的365只千纸鹤。

忘不了，山南地区乃东县托当乡二村村民朗杰老人在弥留之际，让女儿拿出家里珍藏的五彩真丝哈达，嘱咐道："一定把这条哈达献给李素芝'门巴'！"

2012年1月25日，李素芝带领的"流动医院"巡诊来到班戈县，一位叫民宗的病人呼喊着硬往排队看病的人群里挤："让我进去，我什么病都不想看，就是想看一眼救命恩人。"

李素芝在为藏区儿童做先天性心脏病普查

李素芝一眼就认出了他。20年前，年仅22岁的民宗患脑包囊虫病，生命危在旦夕，是到此巡诊的李素芝救了他的命。这次，民宗特意带上7岁的女儿，花3个多小时赶了100多千米的山路来看李素芝。

献哈达，敬酥油茶，跪地磕头……不忍耽搁李素芝的时间，民宗以最快的速度完成了藏族最崇高的礼仪。

“恩人哪，你的手怎么这么凉？”握手惜别那一刻，民宗转身离开，又以最快的速度跑到县城一家商店，为李素芝选了一双皮手套，委托一名留下照顾病人的医生转送给已经远去的李素芝。

只要西藏军民需要，我愿意一直走下去

李素芝的父亲李敬南16岁当兵，是为建立新中国负过伤的老军人。李素芝的母亲姜启芹13岁入党，是为部队做过军鞋、推过小车的“老支前”。

40年前，22岁的李素芝放弃上海优越的条件申请进藏时，两位老人便鼓励他：“你是军医，只要能报答党和部队的培养之恩，你就是在西藏干上十年八载，我们也没有意见。”

李素芝的妻子郭淑琴1976年随他一同进藏，成为西藏军区总医院妇科的业务骨干。1992年为了照顾女儿李楠，郭淑琴转业到大连工作，经历3次下岗、4次上岗，还曾辗转到深圳打工。去年退休后，为了照顾李素芝，她又重返高原，在西藏军区总医院妇产科当了一名不拿工资的“编外医生”。

对李素芝来说，影响最大的还有两个人。

一个人是家乡镇卫生院院长张子善。李素芝回忆道：“小时候，一次我患了疟疾，母亲冒着大雨连夜带我去镇卫生院看病。值班医生问：‘带钱了吗？’母亲翻遍了全身，只有两毛钱。医生说：‘没钱看什么病？’这句话，让卫生院院长张子善听到了。他说：‘不管有没有钱，先救人！’张院长是我认识的第一个共产党员，我一辈子也不会忘记他！”

另外一个人是长眠在拉萨烈士陵园的孔繁森。李素芝任外科主任的时候，孔繁森是拉萨市的援藏干部，两人既是老乡，也是好朋友。孔繁森对他说过的最后一句话是：“老李啊，我们在西藏很艰苦，但不能白苦，要苦就苦出

个名堂来，为西藏人民谋点福利！”

李素芝说：“有人问我，你院长当了 16 年，将军也当了 12 年，还图个什么？我说，我心里最清楚，就图老百姓说共产党好！靠这句话，共产党打下了江山。坐江山，还是靠这句话。这就是共产党人的信仰。”

2012 年，有人给李素芝写了一首诗：“风霜在脸上雕刻，容颜不再如昨，仁心却始终鼓荡在胸廓。漫漫风雪，遮不住军人本色。滔滔雅江，唱不完奉献之歌……”

共产党人的信念，在他这里，不是用嘴说的，而是身体力行地做了几十年，还将继续做下去。

周启龙：坚守在天路上的“钢轨医生”

周启龙

自己选择的路，没有说后悔不后悔，我只会往前走，不会往后退。

“自己选择的路，没有说后悔不后悔，我只会往前走，不会往后退。”第19届“中国青年五四奖章”获得者周启龙对于工作有着坚定的信念。

周启龙，青藏铁路公司格尔木工务段探伤工长。作为一名“钢轨医生”，他多年如一日地为青藏铁路奉献着自己的激情和热情，因表现突出，先后获得“天路十大杰出青年”“全路技术能手”“全路青年岗位能手”等荣誉称号。

最初的梦想，选择铁路不后悔

周启龙从小就喜欢火车，坐在火车上的他非常兴奋，在车厢里东看看西看看，这为他埋下了扎根于青藏铁路的种子。

2007年，周启龙从武汉铁路职业技术学院计算机专业毕业，对铁路的喜爱并没有随着时间的流逝而磨损，他毅然选择前往青藏铁路格尔木工务段工作。

青藏铁路沿线的自然环境非常恶劣，工作时平均海拔4600~4700米，氧气量只有平原的一半不到。工作时，周启龙每天都要推着超声波探伤的小型仪器徒步行走10千米以上。“我们自己管辖的区域，每一个地方，都是一米一米地走过来的。”周启龙这样描述自己的日常工作。

周启龙对自己第一次上工的印象很深刻，那次经历让之前学习计算机专业的他切身体会到了钢铁探伤工的艰辛。“出门前穿了非常厚重的衣服，很快就感觉到太阳的暴晒，连忙脱下外衣，可是没走两步又下起了雪。”就这样温度忽高忽低，甚至还下了冰雹，回到工区后周启龙就感冒了。

除非是亲身经历，否则很难感受到在青藏铁路上生活的困难。平时每天早晚可以在工区吃热乎乎的饭，中午则是自带馍馍、榨菜、肉来果腹。“馍馍经常是冻住的，一般就放在太阳下晒着，这样还能有点温度。”

由于山上的水中含有过量的汞元素，食品、水源都来自每周一次的统一运送。有一次山上下雪，道路不通，恰逢周末，菜和水几乎消耗殆尽。“当时吃着馍馍觉得噎得慌，就抓一把雪就着吃。”而一年中有一到两个月气温会高一些，周启龙和同事会摘取路边的野葱就着馍馍吃。

刚开始来到青藏铁路工作，周启龙也感到不适应，“最初看着两边的山，感觉心都是凉的。有人被分配的地方比较好，同事们有时自然会有不平衡。然而嘴上抱怨着，第二天还是会早起去干活”。

面对种种困难，周启龙还是咬牙坚持了下来，“一方面是青年人内在的奋斗精神，另一方面学校和公司花费了精力来培养大家，更重要的是一种对青藏铁路的信仰吧”。从小生活在当地的周启龙深切感受到青藏的“与世隔绝”，想让大家都能坐上火车去外面看看的坚定信念支持着他。

在这里，周启龙非常感谢同样从事铁路工作的舅舅。面对困难有时难免会有牢骚和困惑，回到家里听舅舅讲述一下他的经历，周启龙就会再次信心饱满地出发，继续为自己热爱的铁路事业而奋斗。

善意的谎言，重返铁路不离开

长期工作在青藏铁路，周启龙和同事都落下了职业病。

饮食不规律让铁路沿线的探伤工们没有一个胃是好的。“疼起来满头都是汗，现在走到哪儿都随身携带着胃药。”

工作时经常风大到只能侧着身子走，穿再厚的衣服都不管用。时间一长，肩膀、肘部等关节处都落下了病根，一变天就会隐隐作痛。

同时，由于高海拔和食材的匮乏，周启龙慢慢发现自己开始脱发，“在山上时甚至不敢多洗头，脸盆里全是自己的头发”。

“最初上山时身体比较好，反应小。带我的老师说几年后身体上就会体现出来，我没有当回事。最近几年感受到身体一年不如一年，睡觉前经常需要吸氧，不然就会头疼欲裂。而关节上的问题也让我注意保护身体，现在看着街上有人穿短裤我都会觉得冷。”周启龙笑着说。

除了艰苦的环境，探伤工还会面临突如其来的危险。

有一次，周启龙和同事在铁路上推着仪器进行检测，毫无征兆地下起了大雪，能见度顿时降低，工区通知前后两头准备撤离。这时，竟有一列火车行驶过来，转瞬间距离大伙儿只有六七百米了，周启龙和同事连忙带着仪器

周启龙工作的路段平均海拔在 4500 米以上

从轨道上跳了下来，和列车擦肩而过。

“那次真的比较危险，从那以后，我们遇到下雪都会格外注意，先撤下来和工区联系，再决定是否继续开工。毕竟安全是第一位的。”周启龙总结道。

承受着工作上的压力和艰辛，周启龙对家人选择的是报喜不报忧。经常是山上刮着风，下着雪，和家里通话时却说“今天天气很好，很适合在铁路上工作”。

然而这样善意的谎言被无意间揭穿了。电视台来当地拍摄了一段短片，视频被上传到网上。家里人无意间看到了，震惊于山上艰苦的环境，这和电话中描述的完全不一样。周启龙只能笑着解释：“其实就那么一天，刚好就拍的那一天天气不好。”可是家人不再轻易相信周启龙的说法，从各种渠道打听、了解了山上的情况。“那以后我回家不再说山上的情况，家里人也不再细问了。”周启龙回忆道。

谈话时，周启龙提及曾有一年半的时间因调动离开了探伤的工作岗位。调回单位时，人事部门建议他留在机关里。周启龙却表示：“我还是喜欢上现场，还是喜欢探伤。”并多次向领导申请重回探伤岗位。“你要知道，你这次回到探伤，以后就很难有机会在机关工作了。”领导说。

如今，在周启龙的坚持下，他又为青藏铁路“探伤”5年。他说：“如果有岗位调动，我一时还真的不适应，难以接受。我对‘探伤’已经有了一种依赖，大概没有活力去干一个新的工种。”

贴心的“叔叔”，心系铁路做榜样

随着铁路的通行，工区通了网络，早期被称为无人区的地带也初具城镇的规模，甚至有了网吧。当地居民从不知道手机有何作用，慢慢变成了人手一部手机。

然而在山上依旧没有太多的娱乐项目，相比起部分年轻工友喜欢一下工就去网吧玩游戏，周启龙更喜欢运动和读书。“山上的条件艰苦，所以好的身体更加重要。工作几年下来，我知道拥有良好的体魄，才能更好地为铁路服务。”闲下来的时候，周启龙也会读几本好书，或者只是静下来思考一下问题，总结一下经验。

探伤工在山上一干就是一个月，压力可想而知。周启龙习惯用听音乐的方式来减压，躺在床上戴着耳机听音乐，心情就会慢慢平静下来。同时周启龙不忘关心工友的心理状况，他叮嘱大家有心事就说出来，不要憋在心里。“下了工，经常有人跑到我屋里谈心，说说心里话。”每当用幽默的语言逗得工友哈哈大笑，周启龙都有一种成就感。“他们都说‘你怎么好像工作了几十年’，现在新来的工友还会调侃着叫我‘周叔叔’。”

谈及现今的青少年，周启龙表示娱乐和游戏只是生活中的一部分，不应过度沉迷。“我上学时也玩过游戏，但是现在回头看看，当初真的是挺毁身体的。”周启龙反思道。

“年轻人就该乐观向上，富有朝气，思想跟上潮流，爱好广泛一些。就像之前大家都说的，要‘向善’。”

难得聚会时，周启龙要求大家不要做“低头族”。“接个电话可以，但是长时间低头玩手机不行。一个人这么做，会传染其他人，那么大家聚在一起就没有意义了。”

周启龙在为铁路“探伤”

周启龙（右）每天都要跟同事推着超声波探伤仪器徒步行走 10 千米以上

对于未来的规划，周启龙表示，现在山上的硬件比东部地区的落后不少，技术方面也不如东部地区。青藏地区车次少，许多在东部地区常见的伤损，山上的探伤工可能一辈子都难以见到。而当地公认的“大神级”探伤工在参加国家级比赛时，名次也不尽如人意。“我希望能多一些和其他工区的交流机会，相互学习一下，也见识一下不同的伤损，更好地为铁路服务。”

荣获“中国五四青年奖章”，周启龙深感荣幸。他说：“这么多人都努力工作，我没想到是我。今后我会再接再厉，为青年人做榜样。”

朱鸣华：带着爱心向着最艰苦的地方出发

朱鸣华

既然选择，绝不回头。

6月的青藏高原，格桑花儿开得正旺。

海拔3000余米的雪山下，西藏自治区林芝中学传来琅琅书声。教室的中央站着一位年轻的女教师。干练豪爽的性格，颇具“女汉子”的行为方式，让人很难猜得到，她就是岭南著名高等学府中山大学的“女神”。

她身上的光环很多：

有人叫她“学霸”，因为她可以说多门外语，自主研发了国家专利，大学4年完成管理学双专业学习，并被评为全国优秀共青团员；

有人叫她“女神”，因为她是王老吉凉茶的形象大使；

也有人叫她“创业精英”，因为她是“挑战杯”大学生创业大赛的全国冠军，19岁就成立了自己的企业，20岁时作为广州市唯一的“90后”青年创业指导讲师，在当地各高校给同龄大学生讲课……

然而，眼前的她只是一位站在三尺讲台上，孜孜不倦的青年志愿者。

丢下公司奔西藏：公益是我的一种习惯

这位女教师叫朱鸣华。她身上的那些标签似乎都与“去西藏做一名志愿者”这一选择极不协调。“我感觉做公益成了我的一种习惯。”在被问及为何要到西藏时，她的回答很干脆。

朱鸣华1991年出生于大连一个普通工薪家庭。她的父亲是一名警察，母亲是一名教师。她说：“小时候，看到身边的同学缺吃缺穿，都爱给他们分享我所拥有的这些。但我正式做志愿活动是从初三开始的。”在大学时期，每年坚持完成300小时以上的志愿活动。在正式去西藏的前两年就下定了决心。“中山大学恰好有这个项目，做一年的志愿者，还给我们保留学籍。”

2014年，朱鸣华大三保研后，毫不犹豫地决定放下正在发展阶段的公司。她所创办的公司主要从事医疗器械研发，在创业之初曾得到知名企业的融资。“我支教这段时间基本是遥控指挥，团队还在运行。”

在西藏，朱鸣华的主要工作是教授林芝中学七年级的政治课和八年级的地理课。

“刚去主要是高原反应导致身体难受，生活上也不习惯。”但这些对于她来讲都不算问题。“最主要的是这些孩子们跟我曾经培训的中山大学附中的学生不一样，课堂纪律涣散，同一班学生年龄差距大。”朱鸣华称，这些对于师生互动带来很大困难。

为了解决教学中的问题，达到“教学相长”，朱鸣华为所在学校创立了第一本校刊。校刊是老师和学生们抒发心声的平台，更是家长和外界社会了解学校的窗口。“有一个学生就因为自己的作文被刊登在这上面，从那之后学习态度彻底改变了。”

向着最艰苦的地方：中秋节孩子们都给我塞月饼

人生总有很多始料不及。2015 年 4 月 25 日发生在尼泊尔的那场地震波及我国西藏等地区。

大地震发生时，朱鸣华刚做了巡回演讲，在返回林芝的途中。来不及休整，她便作为首批前方记者，向着西藏辖区内地震重灾区全速进发。当历经近 20 小时的汽车奔波与负重徒步，进入重灾区定日县绒辖乡时，朱鸣华愣住了！眼前尽是面目全非的房屋与围成几个圈子坐在地上垂泪的乡亲们。在这满目疮痍之中，唯一伫立未倒塌的，是一块椭圆形的巨石，上面写着四个红色的大字——精忠报国。这是涅鲁桥边防工作站的站碑，可工作站已经被震得粉碎了。

尽管余震不断，连自己的生命随时都会有危险，朱鸣华还是在前方发回一份份稿件，用文字、图片与视频，向灾区外的群众传达着最新的消息。

灾情逐渐稳定后，乡里的小学复课了，朱鸣华又多了两样工作职务：教师和炊事员。由于震后学校工作人员不齐全，原本的 11 名教师只有 5 位在岗，却要承担 6 个年级的全部教学任务。朱鸣华便为高年级的孩子教起了语文、科学和活动课。

“我觉得我现在就是十足的‘女汉子’，心理上成熟多了。”在讲述和藏区农牧民的孩子们相处的情景，朱鸣华流露出女孩子天生的细腻。她说，刚去林芝那年的中秋节，学校特意给每位学生都准备了月饼，但是老师没有。月饼分发下去之后，学生们纷纷把手中的月饼往她手里塞。“那一节课，我彻底感动了，我意识到我融入了这片土地。”

课余时间，朱鸣华和孩子们的家长以及当地的农牧民也交往密切。“我感觉这里不再荒芜、陌生，这里和我们东北没啥区别。”

地市巡回演讲：藏区的变化让老人们感动落泪

在朱鸣华的志愿生活中，有一段特别的旅程——进行西藏自治区庆祝百万农奴解放 56 周年的巡回演讲。由此，她也成了全国首位在西藏自治区完成 7 地市巡回演讲的大学生志愿者。

2015 年 3 月 28 日到 4 月中旬，宣讲团常常踏着凌晨两三点的星光便要坐车赶往机场或是某个村子。当朱鸣华的这趟演讲之旅被朋友们笑称是 11 次登

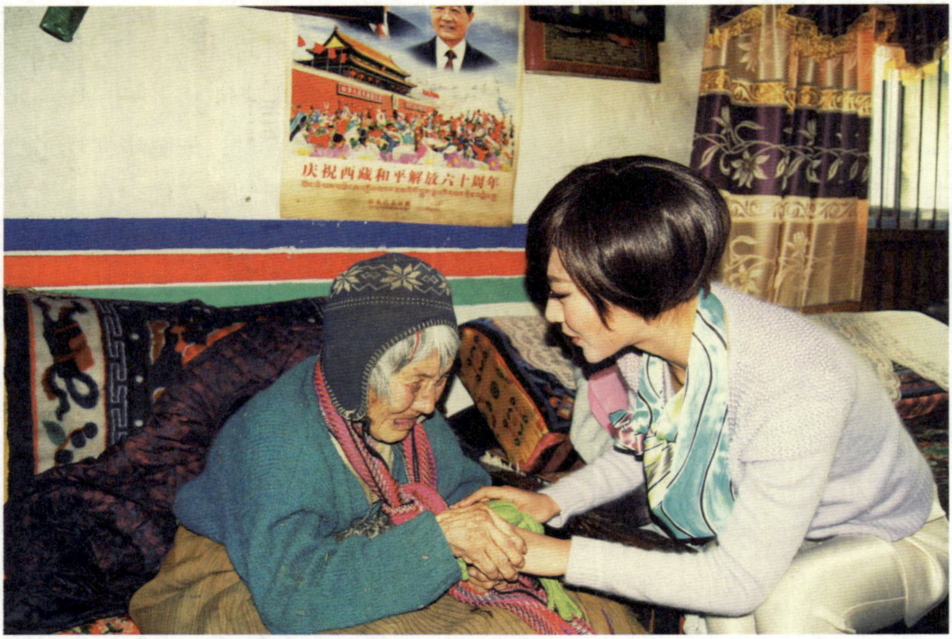

朱鸣华探望 94 岁的达瓦央宗奶奶

上西藏卫视新闻联播还附带3个个人专访的刷屏之旅时，他们并不知道，在那曲和阿里，她曾几次因为严重的高原反应和连续高强度工作的压力而呕吐不止，甚至连拿起筷子的力气都没有。

“可是我知道，来到每一个地区，我所代表的都不是自己，而是另外1999名和我一样的西部计划志愿者以及千千万万的与我们同时代的‘90后’青年人们。”朱鸣华说。所以，即便站到台上时她缺氧到眼冒金星，也要带着氧气喷剂和满眼的星星完成她的演讲。

从首府拉萨到藏东明珠昌都，从后藏大地日喀则到雅砻河谷山南，从藏北草原那曲再到天上秘境阿里，在7个地市的宣讲中，朱鸣华为大家展示了新建成的小康示范村的模样，述说着藏族同胞们脱贫致富的历程。朱鸣华回忆道：“我最感动的，是一些老同志在听到我的演讲时，发自内心的喜极而泣。他们以前做奴隶，没吃，没穿，还挨鞭子，解放之后彻底变了样。这个变化是看得见摸得着的。”

返校后创办助学金：愿孩子们像格桑花一样惊艳绽放

2015年7月到了，这意味着朱鸣华在西藏的志愿者生涯要告一段落了。“这一年不管是身体上还是心理上都得到了极大的锻炼，我个人的综合能力也得到了提升。”她说，谈及离别总是伤感的，“支教结束，但并不是志愿者生涯的终点，这里的发展虽然有目共睹，但与其他地区相比，还有很多亟待改善的地方。”

因为与孩子们走得最近，朱鸣华知道这里的孩子缺什么。她说，回到学校后，她会利用自己的事业和资源，为曾经支教的学校设立助学金或奖学金，让孩子们上学时经济无忧。如果条件允许，她还会考虑当地学校的饮水问题，为他们安装净水机。

“既然选择，绝不回头。”这一年，朱鸣华错过了与生意上的伙伴联络的机会，对于正在发展中的企业来讲算是损失。

她也笑称，自己又“老了一岁”，早该交男朋友了，“但回头来看，所有的付出都是值得的”。

朱鸣华在阿里

一年的时光匆匆流走，正如朱鸣华刚到西藏时一样，山冈上紫红色的格桑花开得正艳。与这些花儿相伴的，同样是响彻山谷的琅琅书声。朱鸣华要返回校园了，但辽阔的青藏高原上，志愿者们一直都在。

陈贤：我在雪域高原普法

陈　贤

让法治的阳光照亮雪域高原的每一个角落。

“我甘愿放弃优裕舒适的生活，甘愿忍受艰苦恶劣的工作和生活环境，发扬不怕吃苦、顽强拼搏、无私奉献的精神，让法治的阳光照亮雪域高原的每一个角落。”这是安徽省首位援藏女律师陈贤在其申请志愿书中的一段话。

援藏1年期间，她办结58件案件，其中刑事案件18件、民事案件40件；代写法律文书122件；全县法律援助案件由原来的每年15件上升到现在的每年58件。

这是一位怎样的志愿女律师呢？

只因感动，飞到西藏做志愿律师

“2013年的一天，我无意间在网上看到失去双手的‘1＋1’志愿律师郭二玲的先进事迹，感动不已。当时，我就许下一个誓言，要成为一名如郭二玲一样的志愿律师！”陈贤说。

从许下诺言的那天开始，去西藏做一名志愿律师就成为陈贤放不下的一件心事。

为了适应高原气候，她骑行在高铁连接线上，来回30多千米，每天不停地“演练”。她还与儿子一起环青海湖骑行，环绕海拔3000多米的青海湖，两个人一天骑行了100多千米。几个月后，在爱人的支持下，陈贤报名到西藏做了一名志愿律师，并成功通过了司法部援藏计划。

西藏人民法律意识淡薄，亟须普法

2014年7月，陈贤第一次踏上5000米高原。

当飞机降落在拉萨机场，陈贤走下飞机的那一刻，“虽然下着雨，我感觉天空离自己那么近，空气那么清新，哈达那么洁白，我整个人瞬间爱上了西藏”。

几天后，陈贤飞往昌都，开始了为期一年的无偿法律援助。

短暂的接触之后，陈贤很快发现，西藏人民亟须普法。

在一起未成年人涉嫌抢劫案件中，陈贤真切地体会到孩子们法律意识的欠缺。“对于法律的无知让我吃惊。”陈贤说，“不知跟他们说了多少遍后果的严重性，犯罪嫌疑人就是不懂。”经过陈贤一次次沟通、一次次普法教育，犯罪嫌疑人终于伏法认罪，并得到法律的从宽量刑。

“我能为他们多做点什么？”陈贤不断地问自己这个问题。为了让案件中的未成年人不因判决丧失上学的机会，陈贤主动找到区人民法院院长，一起与学校沟通，希望学校可以让孩子回到学校继续上课。因为陈贤的努力，孩子终于重新回归校园。

陈贤说：“经过这件事，让我知道援助律师和普通律师的区别，那就是援助律师不仅要解决案件本身，而且要为当事人的未来着想，这需要援助律师有更多的社会责任心，这让我今后的律师生涯受益匪浅。”

让法治的阳光照亮雪域高原的每一个角落

不仅是孩子对于法律无知，陈贤发现，成年藏民中法盲也占相当大比例。

卡若区有11万多人口，98%是藏族，卡若区较藏东其他10个县经济发达，开工项目最多，农民工因讨薪、工伤产生的案件也多。然而，这里的法律服务资源非常薄弱，1.08万平方千米的辖区内，竟然没有一位律师。

陈贤的到来改变了这一状况。陈贤到此受理的第一个案件属于工伤赔偿案。一位叫扎西曲珍的藏族年轻农民工，因工伤造成七级伤残，医药费花了几万元。但是，他所在的企业对此不予解决。一审判决，扎西曲珍因证据充足，事实清楚，该企业需赔偿他近17万元。然而企业并未服从判决，选择了上诉。关键时刻，陈贤成为扎西曲珍的“依靠”。申辩中，陈贤的专业功底充分展示了出来，而本案也以胜诉告终。扎西曲珍最终获得赔偿近17万元。扎西曲珍的舅舅为了感谢陈贤，硬塞给陈贤一包冬虫夏草，被陈贤坚决拒绝了。陈贤说：“我是一名志愿律师，来西藏不是为了钱。”最后，扎西曲珍送给陈贤一面锦旗。

陈贤（中）在昌庆街进行法律宣传

“让法治的阳光照亮雪域高原的每一个角落”是陈贤的愿望，更是承诺。为了转变西藏群众“不信法”的观念，陈贤与司法局同事多次到昌庆街进行法律宣传。

援藏 1 年内，陈贤不顾危险路况，下乡发放法律法规宣传资料共计 1700 多份，发放名片 500 多张，解答群众咨询共计 400 多件。

“普法，就是要把司法公平和正义植入当地群众的心中，将法律的意义告诉这里的人，就是要让当地百姓知道，法律才是解决问题的正确途径。”陈贤动情地说。

陈贤还通过视频的方式给区里各级干部进行了“依法行政”的法制讲座，也对驻寺干部多次进行了法制讲座。参加讲座的干部近 500 人次。

有困难，更有快乐

西藏卡若区，平均海拔 3500 多米，离陈贤家 2500 多千米。

陈贤（中）发放法律小册子

在援藏期间，陈贤常常在微信朋友圈中发布西藏美景、生活场景以及法律援助工作场景。一张张照片记录了一张张笑脸，陈贤被快乐包围着。

然而，快乐的背后，陈贤也历经了多番辛苦。

朋友们不知道的是，刚到西藏，陈贤就出现了鼻腔出血、感冒发烧和过敏等不适反应。由于过敏症状，为了止痒，陈贤在不知不觉中将两条腿抓得鲜血淋淋，吃了过敏药才渐渐恢复过来，但两腿上永久留下了大大小小几十处疤痕。

朋友们不知道的是，为了会见被辩护人，陈贤经常要乘车辗转几百千米，没有一次失约。卡若位于昌都县境内，昌都是西藏自古以来的险地，俗语称“西藏之险在昌都”。昌都县境内群山连绵，山高峰耸，谷深坡陡。下乡的路也很窄，基本上都是石子路。绵延的道路上，一边是陡峭的悬崖，另一边就是波涛汹涌的澜沧江，而陈贤坚持走了下去。

朋友们不知道的是，由于当地基础设施较差，经常停电，有时甚至停电半个月之久，住在10楼的她每天爬上爬下。由于空气稀薄，含氧量低，每次上楼都要走走歇歇，本来已经精疲力竭的她，回到住处几乎是倒头便睡。

值得一提的是，地域偏寒的卡若区的大部分地区没通暖气，陈贤的住处也是如此。暖气、空调、洗衣机、热水器构成了生活中遥不可及的“梦想”。即便是夏季，自来水也是彻骨的冰冷。

然而，困苦之中，陈贤体会到的更多的是快乐。“藏区人民理解我们，也需要我们法律人的关怀。他们有困难，我觉得我们能够更多地奉献。看见他们幸福，我就很快乐。毕竟，助人是快乐之本嘛。”陈贤愉快地说。

当地居民给了我很多温暖

陈贤付出了关爱和温暖，收获的则是藏民对她的爱戴。

一次，她晾晒在 10 楼阳台上的运动鞋被风吹到楼下杂物间，杂物间又脏又乱，想找一双运动鞋谈何容易。陈贤为此犯愁之际，楼下不相识的藏族邻居们纷纷主动帮忙，忙活了小半天终于找到了。陈贤说：“大家能够携手相助，

陈贤（左二）获“西藏法律援助群众满意律师”荣誉

真的让人倍感贴心。”

“像这样的小事还有很多。我付出了小小的关爱，却收获了大大的能量，使我充满了力量来应对各种困难。尤其是法律意识，也为当地人一点一点所接受，法律的种子在生根、发芽。我就觉得自己的工作特别有意义。”陈贤幸福地回忆着。

在一年期法律援助结束之时，陈贤回忆着藏民的感激和不舍之言，在《律师全年工作总结》中写道：“我舍不得这里纯净的蓝天白云，舍不得这里黝黑而淳朴善良的笑脸，舍不得这里对我的信任和期盼的眼神。我也将继续做好律师的本职工作，用法律帮助更多的人。”

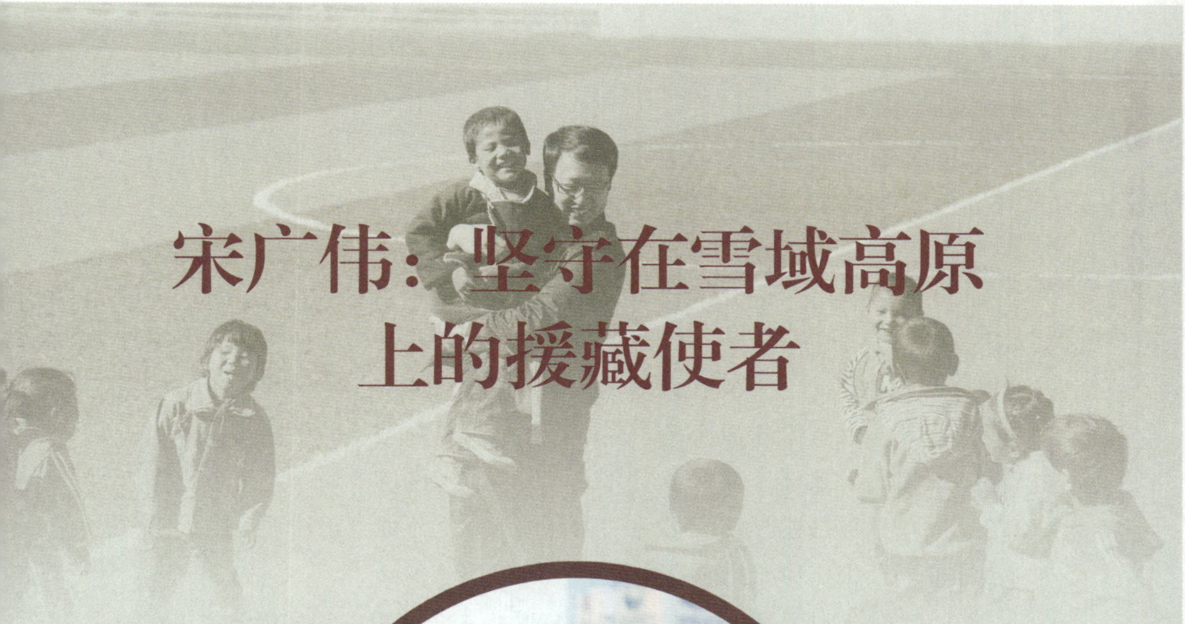

宋广伟：坚守在雪域高原上的援藏使者

宋广伟

援藏时间有限，不能留下遗憾。

“蓝蓝的天上白云朵朵，美丽的河水泛青波，雄鹰在这里展翅飞过，留下那段动人的歌。”这应该是大多数人对西藏自治区日喀则市的第一印象。其实，西藏最主要的矛盾不是“落后生产力同日益增长的群众物质文化生活之间的矛盾”，而是“氧气多少与生命需求量之间的矛盾”，援藏干部宋广伟在微博中这样描述西藏。“没来过西藏的人永远不能真正地理解援藏，来过，你就难忘。”宋广伟如此描述援藏。

39岁的宋广伟是国家一级注册建造师，山东省建设工程质量监督工程师。2014年4月至12月间参加援藏工作，主要负责青岛援建、山东援建和中央财政援建工程项目的建设管理工作。

援藏期间，他特意开通微博，旨在记录援藏工作和生活的点点滴滴，最终成为沟通西藏与其他省市的重要桥梁，成为发动社会各界力量为藏区偏远农村学校和孤儿、单亲、贫困家庭孩子募捐的主要渠道。他在微博中写道：“爱心汇聚，情暖雪域，汉藏一家，大爱无疆。”的确，西藏是一个既美丽又有魅力的圣地，来到这里，人们会忍不住地怀有一颗虔诚之心。

尽心尽力，不留遗憾：宋工让我们受益匪浅

海拔零点，有亲人送别的眼眸；世界之巅，有藏族兄弟的殷切祈盼。援藏干部们不怕风雨，不畏艰难，与藏族同胞兄弟携手，共建美好家园。

2014年4月，宋广伟初到西藏，强烈的高原反应把这个山东汉子折磨得异常痛苦。用宋广伟的话说，西藏的气候环境“十里不同天，一天有四季”，当时整个人都处于虚脱状态：入睡极度困难，每晚最多睡4个小时；头痛胸闷，心跳达到每分钟100次，连正常行走都十分困难；正午烈日下，强烈的紫外线使眼睛刺痛，头脑眩晕；气压低到连水都烧不开，导致他一喝当地的水就拉肚子。

宋广伟说：“直到目前，我的身体还在恢复过程中，因为有一些指标尚

未达到去西藏前的正常状态。”

然而，恶劣的气候环境对身体造成的影响并没有阻碍他的援藏工作，由于西藏极度缺少技术力量，宋广伟不仅帮助当地政府完成了青岛援建工程项目的建设管理工作，而且同步完成了山东援建和中央财政援建工程共 20 余项的建设管理工作。他说：“援藏时间有限，不能留下遗憾。虽然我有各种不适应，但是我能够忍耐。能多做点儿事，就一定不能闲着！现在多出一份力、多尽一份心，将来才能不后悔！”

来到西藏的每一天，宋广伟除了进行例行检查，还将多年的实战管理经验和工程质量把控方法带到了当地，在工地设立“流动课堂”，现场传授各种技术知识。他说：“要让投资的项目开枝散叶，成为推动当地经济发展的持久动力。”确实，只有将先进的发展理念和实践方法带到西藏，才能帮助藏族同胞过上幸福富裕的生活。

经过培训、引导和努力，山东省援建的山东援藏干部公寓项目获得了山

宋广伟在 2014 年度感动青岛十佳人物颁奖典礼上

东省优质结构工程质量奖，青岛援建的标准化幼儿园项目确定了青岛杯、自治区最高质量奖“雪莲杯”质量目标。

日喀则市住建局副局长说：“宋工传授经验毫不保留，他很累，但我们受益匪浅。”

在援藏期间的每一天，宋广伟都在夕阳的余晖中拖着疲惫的身影返回住处，傍晚的路旁，柔弱的灯光静穆安详，仿佛指引着他的信仰之路。宋广伟坚信：与其苦熬，不如苦干；与其苦干，不如乐干。他不仅要坚决完成组织交派的任务，更要把自己作为坚实的桥梁拉近汉藏同胞心灵的距离，将中央党组织和神圣高原的雪域人民紧密联系在一起。

愧对儿子，只因他是孩子们的“宋爸爸”

天下没有远方，人间都是故乡，有爱，就有天堂。“帮助别人，快乐自己”一直是宋广伟不变的信仰。赤子情怀，大爱无疆。

“上了年纪，连自己都照顾不好，再过几年，我走了，这个娃娃怎么办？”77岁的藏族老人——三年级学生巴桑扎西的姥姥一边怜爱地看着身材瘦小、眼神清澈的小外孙，一边喃喃叹息。

那一天，宋广伟在学校老师的陪同下到三年级学生巴桑扎西家走访，一路上，砂石遍地，路旁几乎不长植物。宋广伟说：“当时，看到这一老一少就住在两间低矮的小土坯房加一个几平方米的小院中，我很震惊。听到老人这么说，我心里更是难过。”

藏区的偏远农村因为土地贫瘠、交通不便、资源缺乏等因素，农民收入相当低，除了青稞和土豆，再没有其他食物。所以当地学生普遍比较瘦小，身高比一般学生要矮20厘米左右。这里的学生除了国家发的免费校服，几乎没有其他像样的衣服。同时，这里还存在不少孤儿、单亲和贫困家庭学生。虽然国家在西藏实行了“三包”政策，可以为孩子们进行免费教育，但学校条件普遍极为艰苦，正常教学所需的字典、课外图书等极度匮乏。

看到这样的情况，宋广伟暗下决心，一定要竭尽全力帮助他们。正是这对相依为命的孩子和老人，使宋广伟充满动力坚持援藏，并通过各种渠道主

宋广伟（后排左三）参加捐助日喀则市年木乡中心小学仪式

动为孩子们募集图书和教学用品。2014 年 7 月发起的捐助活动获得阿里公益天天正能量一等奖，宋广伟把他的 1 万元奖金捐给藏区孩子，同时拿出了自己的援藏补贴。

2015 年 2 月，宋广伟站在了“感动青岛十佳人物”的颁奖台上。他说：“听到孩子们喊‘宋爸爸，我们很想你，你什么时候再来看我们？’的时候，面对直播室数百名观众，我的眼泪怎么也没有止住，感觉自己的责任还很重，一定要尽力多帮助藏区的孩子，尽最大的努力！”

“在援藏期间，最愧对的就是妻子和儿子。但是要对国家尽忠，就只能放弃对妻儿的责任，这是一种无法权衡的痛。”宋广伟说，“当时的最大问题是 9 月份儿子上小学，而择校和住址等问题全摆在我爱人面前。后来我发现她声音沙哑，说话无力，才知道是发烧了，我的心里真是五味杂陈！我真感觉对不住她。”不止妻子，连这个粗犷硬朗的山东大汉每次想起懂事的儿子也会禁不住眼眶湿润。“10 月份的一天，儿子问：‘爸爸，你是不是对我失去了信心，所以不回来了？’儿子说完就大哭，再也说不出一句话。当时我的眼泪一下子夺眶而出。”长期不在家，使孩子对自己产生了误解，也让宋广伟觉得亏欠了孩子太多，本该由父亲陪伴着欢乐地成长的年龄，却连见他一面都不能如愿。

有时回到公寓，有机会能和妻子、儿子进行视频对话，即使高寒缺氧，孤独寂寞，但能看着视频里儿子欢欣的笑脸，听着他稚嫩而清脆的歌声，都是一种幸福。

事无大小，梦有方向

帮助别人，快乐自己，小小的善举可能改变他人一生！宋广伟坚信，无数的爱心汇聚起来，定能情暖雪域。

从西藏回来后，宋广伟一直坚持在微博中帮藏区孩子们筹集善款，2014年发起成立的“情牵日喀则教育基金会”在2015年仍在继续进行。截至目前，宋广伟通过微博和社会组织、各界爱心人士等共筹集了100多万元物资，不

宋广伟和被捐助的孩子们

仅投入了 20 万元为 5 所学校的学生做校服，而且使加庆孜完小与青岛普集路小学建立了帮扶关系，希望让藏区的孩子们感受到“同在蓝天下，汉藏是一家”的亲情。

“人的一生总得做点事，我只是用别人玩游戏的时间做公益。个人的力量是有限的，我只是搭建了一个公益平台，整合了社会各界爱的力量。没有社会各界爱心人士的参与和支持，我什么也做不了。我更相信，公益路上，会得到快乐和幸福。”

宋广伟于 2015 年 5 月获评山东省“向上向善好青年”。他说：“前行路上，有质疑，也有误解。但和支持我的力量相比，那些误解都不算什么。我相信，只要我在做正确的事、正能量的事，那些误解都算不了什么。”

未来的援助工作还会再上新台阶，重点则是要提高藏区的教学水平。宋广伟说：“目前正在选择一所初中或高中，研究建立‘情牵日喀则教育基金班’，每年在新生中选择家庭贫困且品学兼优的学生单独录取、编班，进行定向资助。同时，中小学的远程视频教学也将于下半年开始试点。”

李显辉：“没有理想”的行动派

李显辉

不埋怨社会，不放弃，自己努力，才是成功的前提。

有两种东西，对它们的思考越是深久，在心中唤起的惊奇和敬畏就越是历久弥新：一是我们头上浩瀚的星空，另一种就是我们心中的道德准则。

有这么一个人，2005年研究生毕业后，义无反顾地参加了大学生志愿服务西部计划，从依山傍海的福建来到雪域之巅的西藏，年仅37岁，就已经在西藏工作服务了10年。这10年中，他心中一直怀揣着对公平正义的美好追求，工作在离天空最近的地方。他，就是西藏自治区人民检察院侦查监督处处长李显辉。

从繁华的拉萨到无人藏区，从平坦的高速公路到无路可走的牧区，从驻扎办公室到守卫青藏铁路，回想着丰富多彩的工作经历，他说："回味无穷。经历过这些，再面临各种困难，会很淡定，一笑而过就是了。"

用法律的阳光温暖雪域高原

"我懂事时正是20世纪80年代，那时候我还不知道法律为何物，只知道坏人会被警察抓走，于是我立志成为一名警察。我经常在日记本里给自己画个头像，戴个大盖帽。"后来，由于对法律的理解逐渐加深，他选择成为一名司法工作者，把犯罪嫌疑人送上法庭，让他们接受法律与正义的审判。

"法律不仅仅是严格的条文，还有人文关怀。法律作为一种社会行为规范，特别是刑法条文作为社会行为的规范底线是必须得到严格遵守和执行的。"李显辉目光坚定地说，"但在执行过程中，我们要更多地考虑到案件中的特殊情况，要更多地体现对'人'的关怀，而不是仅仅把触犯法律的人放在对立面。法律条文无法决定一切是非善恶，但法律体现了绝大多数人的意志，作为一种社会行为规范，必须得到贯彻和执行。"

西藏，拥有全国八分之一的土地，却只有300多万人口，人才匮乏。"正是一种神秘的向往，让我来到了西藏。"李显辉说，"刚开始对西藏了解不多，只知道它是世界的第三极，有着最为虔诚的教徒，还有那神山圣水和宗教文化。

李显辉身披哈达

而让我留在西藏的原因是，我觉得志愿服务一年的时间太短，不足以让我对博大精深的藏族文化和人文社会作全面了解。”

获得北京大学法律硕士专业学位后，李显辉又考取了清华大学法学院刑法学研究生。现在，他已申请服务期满后继续留在西藏。这里有着更加广阔的发展平台，藏文化和藏区的工作经历是他享用不尽的人生财富。

做的事情有意义就够了

“我这个人，没什么理想。”李显辉坦然地说道，“只要我做的事情有意义就够了。”他认为，作为一个青年人，就要脚踏实地、实实在在地，目标不一定要远大，但一定要有意义。

不过，这个“没有理想”的福建汉子是个实干派。工作以来，他先后荣立个人二等功5次、个人三等功2次。

他不仅帮助当地藏民解决了喝水问题，还解决了冬天牛羊转场过程中的道路问题。

很多牧民从没去过县城，他就带牧民们去拉萨游玩，一路上都在被他们的激动和欣喜感染着。“他们中绝大多数人是第一次见到柏油马路和生长在泥土里的树，更别提水龙头了，牧民区都是靠井水和融化的雪水来维持日常生活的。”

去布达拉宫时，李显辉触动颇深，他说：“我很正常地洗了个手，回头一看，大家安安静静排队学着。我去摸一块秀美的石头，他们也跟着模仿我。”后来，他才知道，当地领导嘱咐村民们：“别丢人，咱们没见过世面，人家咋个样，咱们就学着。”

李显辉意识到这世上真的存在这么原始的地方，人们真的过着如此原始的生活。他暗暗下定决心，要用自己的知识和力量，改变这种现状，能做多

李显辉和妻子

李显辉在工作间隙

少做多少。

2014年，李显辉参与了在阿里的驻村工作。这里的村委会，就设置在一望无际的戈壁滩上。西藏牧区村委会驻地旁常常是一户牧民都没有，100多平方千米内见不到一个老百姓，自然环境恶劣，生活条件也十分艰苦。就在这里，李显辉用仅存的3根火柴度过了三天三夜，难以想象他到底有着多么强大的意志力。

李显辉最近在看周濂先生的书《你永远都无法叫醒一个装睡的人》。他很赞成书中的观点：即使在外部环境非常糟糕的情况下，一个人依然可以选择过一种合乎德性的生活，并以此来安排自己的日常生活，依然可以选择不止做一个“好人”，还可以做一个“好公民”。

李显辉认为：“不埋怨社会，不放弃，自己努力，才是成功的前提。”

坚守的力量来自家人的支持

长期驻扎西藏使李显辉与家人两地相隔。他说：“从最初的反对到后来的理解，现在家人是我最重要的支撑，他们支持我的选择。”

李显辉的妻子在北京工作，年迈的父母和年幼的儿子都要靠她一人照顾。他终于有机会见到可爱的儿子时，却只能看着他怯怯地躲在妈妈身后，不敢叫爸爸。上不能很好地尽孝，下不能很好地尽责，李显辉知道自己让家人饱受思亲之苦，却又无可奈何。他说：“这不仅是我，也是西藏汉族干部的普遍现状。”

尽管心中有着无尽的酸楚，但是只要想到能以公平和正义给藏民带来安全和保障，他就欣慰了。秉承着这种对于法律的执着追求和尽善尽美的工作原则，他心甘情愿扎根在雪域高原，继续虔诚地守护这片纯净、空灵的土地。

“关于未来，我的想法就是回到家人身边，好好陪他们，弥补这些年来缺失的亲情。”他说。

刘萌刚：民族文化的传播使者

刘萌刚

援藏是我这一生最无悔的选择。

“援藏是我这一生最无悔的选择。3次援藏，让我无法忘怀的是西藏人民朴实的笑脸、外国游客对我竖起的大拇指和祖国大好河山带给我心灵上的洗礼。”桂林市导游协会会长刘萌刚，作为一名英语导游，自2007年起，3次跟随援藏队伍来到西藏，带领外国游客领略西藏的风土人情。

“去西藏是我一生的梦想。”2006年，当刘萌刚得知自己可以成为一名援藏导游时，兴奋不已。虽然援藏期间遇到的苦难数也数不清，但对于刘萌刚来说，援藏是一段无比幸福的圆梦之旅。

爱岗敬业，做对外文化传播的使者

入选援藏导游队伍，对于刘萌刚来说既兴奋又紧张。由于对西藏的气候、宗教以及民族风情不太了解，他需要花大量的时间做准备工作。“作为一名英语导游，不仅要熟知西藏的文化，而且要掌握大量的英语单词。”刘萌刚自从接到援藏任务之后，几乎天天泡在图书馆里，翻遍所有关于西藏的资料，记下厚厚的笔记，一直工作到深夜。

刚到西藏，刘萌刚就收到了高原给他的第一份“礼物”。严重的高原反应，让他头痛难耐，失眠呕吐让他几近崩溃，有时甚至连站起来都困难。即使是这样，刘萌刚依旧坚持每天去景点踩点，背英语单词。

他有一本特殊的笔记，里面有西藏各个寺庙的位置和信息、寺庙里供奉的圣像名称、相关的传说和注意事项等。刘萌刚和同事们在一次次踩点中，一次次修正和完善这本笔记。

“作为导游，要搭建一个桥梁，让外国游客通过导游的介绍，了解真实的西藏。我觉得这是一件很神圣的工作，所以我要准确地了解讲解的内容，认真地体会西藏的风土人情。”刘萌刚觉得，在接待外国游客时，自己要以身作则，树立良好的导游形象。因为那一刻，自己的形象就代表了中国的形象。因此在工作中，自己必须充分尊重当地习俗，准确地介绍当地的风土人情，

刘萌刚（前排左二）援藏期间与外国游客合影

这是对西藏的尊重，更是对外国友人的尊重。

西藏有着悠久的历史，有着博大精深的藏传佛教，有着独具特色的人文风情和自然景观。西藏文化，是中国少数民族文化中不可或缺的重要部分。

刘萌刚一直都觉得，导游在宣传景点的时候，也是在展示着当地的文化。“做导游，其实做的是文化传播的使者。特别是我带的都是外国团，外国友人怀揣着对西藏的好奇踏上这片土地，我想通过自己的讲解，带领他们去感悟西藏文化，让他们不虚此行。”刘萌刚说。这也是援藏过程中，让他最有成就感的事情。

开展公益事业，树立导游的正面形象

援藏过程中，除了不断接团，做好导游的本职工作外，刘萌刚还在西藏组织了爱心公益活动，帮助那里需要帮助的人们。“西藏让我学会了珍惜和包容，也让我懂得用善回报社会。”刘萌刚每当看到那些得到帮助的人灿烂的笑容，内心都会有深深的满足感。即使回到桂林，那里的人依旧是他内心的牵挂。

2007年年底，刘萌刚开始担任桂林导游协会秘书长、副会长；2010年，他当选为会长。任职期间，他投入大量时间义务管理协会事务，他还组织会员参加各种培训，积极开展各种公益和联谊活动，努力塑造导游的良好形象。

“作为导游，我深知同行们的艰辛，但社会上频繁出现黑心导游的事件，让老百姓对导游失去了信心，我要通过努力改变这种现象。”刘萌刚积极开展各种公益和联谊活动，关心和帮助社会弱势群体，推动旅游公益事业的发展。

他组织协会会员探望农村五保户和老党员，为他们捐钱、捐物。2008年，他牵头开展为四川地震灾区爱心捐献活动，吸引了广大导游员和市民的踊跃参与。2009年，桂林慈善会主办“慈善救助1元捐”的大型募捐活动，他率领协会积极响应，树立了导游群体热心公益的良好形象。2014年，他号召全市导游为身患癌症的导游郑资平捐款6万多元，表达了对导游同行的关心和爱护。同时，他每年定期组织导游去养老院看望孤寡老人。他用实际行动为导游树立了正面形象，弘扬了正能量。

为了提高导游素质，刘萌刚带领协会会员组织开展了各种培训，为塑造导游的良好形象做出了许多努力。桂林市导游协会从拥有100位会员，到现在拥有上千位会员。对于这样的进步，刘萌刚很自豪，但其中的艰辛只有自己知道。

“援藏经历让我深知，导游作为对外文化传播的使者，肩负着重要的责任。所以即使协会工作再难做，我也必须坚持下来。”刘萌刚说。

三次援藏，源于热爱和使命

西藏高寒缺氧，给导游工作带来了极大的不便。即使这样，他还是一次次走进西藏，将热情和汗水洒在这片热土上。

虽然原则上，援藏一般不超过两次。但由于青藏铁路的开通，外国游客

刘萌刚（左二）在领奖台上

剧增，急需有经验的优秀导游前去支援。带着导游的职业使命感，在 2006 年和 2007 年两次援藏后，刘萌刚第三次踏上了援藏的征程，继续为国际友人们打开西藏神秘的大门。

刘萌刚说：“这次出发前，心里有些犹豫。母亲年纪大了，我实在有点不放心。然而母亲告诉我，不管怎样，她都会支持我的工作。”

刘萌刚的这份坚持，不仅来源于家人的鼓励，也来源于对西藏的热爱。这份热爱不仅仅是对青藏高原本身，还来源于这片土地带给他职业上的启发和帮助。“在西藏工作的这段时间，我深切地感受到导游就是一座城市的钥匙，是连接游客和这座城市的桥梁。”在西藏的一线工作中，刘萌刚不断积累知识、资源和经验，并在国际友人的肯定中，收获幸福和满足。

“做导游这么多年来，都是带别人去游山玩水，自己从来没有度过假，也没跟妻子度过蜜月。我们援藏导游有个 10 年之约，就是在 2016 年的时候，我们要相约拉萨。那时候我要带家人去西藏，满足妻子的愿望，同时也让家人感受一下西藏带给我的感动和快乐。”

在西藏，刘萌刚的足迹遍及拉萨、林芝、纳木错、阿里、中尼边境、珠峰大本营等所有开放的景区，用辛勤的汗水和真诚热情的服务赢得了游客和当地同行的充分肯定和赞扬。他 3 次被评为“全国援藏导游员先进个人”，还获得“全国模范导游员”称号，2015 年入选“全国十大最美导游”。

刘萌刚用坚持和努力赢得了许多荣誉，这些荣誉是西藏带给他的。除了这些荣誉，西藏这片神圣的净土还送给他这一生都值得珍藏的记忆和纯净乐观、无私奉献的精神。

胡巧立：扎根高原，织梦绿色西藏

胡巧立

为工作，一切都值得。

“援藏为了啥？想为纯净的雪域高原增添一点绿色，把在北京学习、工作时积累的一些成果性的东西和经验带到西藏去。在这里，我觉得可以实现自己的人生价值。”1981年出生的胡巧立，2010年作为北京市第六批援藏干部来到了拉萨，任拉萨市林业绿化局副局长，开始了他的援藏之路。

2013年，因为工作需要，胡巧立作为第七批援藏干部继续留任。在拉萨已经工作了5年多，但是初到这里时的挫折与艰辛，胡巧立记忆犹新。

最黑的援藏干部：为工作，一切都值得

2010年7月，胡巧立来到高寒缺氧的西藏，头疼、胸闷、气短、流鼻血、失眠等严重的高原反应让他备受煎熬。但更让他感到不安的是，当时拉萨落后的绿化状况。

“拉萨林业资源匮乏，林业起步晚，底子薄，专业人才不足……”而且，胡巧立发现，长期以来，拉萨园林绿化工作仅仅停留在单纯的造林上，“森林近自然经营”“健康森林”“美化彩化”等先进理念，几乎没有在这里得到推广。

经过深入调研，胡巧立更意识到身上的责任重大。他说：“拉萨市的造林模式多年来一成不变，重造林，轻管护。对于造林的成活率和保存率来讲，造林后3年的管护非常重要，否则就会导致‘年年造林不见林’的恶性循环。”一直持有植树造林“三分造，七分管”观念的他，决心改变现状，“重视造林质量，要种一片活一片，造一片绿一片”。

为迎接西藏和平解放60周年，拉萨至贡嘎机场高速公路绿化工程项目启动。胡巧立接受任务时，这个项目已计划在道路两旁引进新树种雪松。胡巧立认为，雪松并不适合高原水土环境，而且养护成本极高。在项目已经进入初步实施阶段，招、投标都已经完成的情况下，胡巧立还是顶着更改规划的压力，坚持用当地具有藏族特色的格桑花代替雪松。

“远距离调运林木，一来要花费大量的成本，二来这些树种的成活率和适应能力都明显小于当地高原物种。”胡巧立说，“适地种树，选取当地树种，最大的好处就是为未来管护减轻压力。”

在胡巧立的坚持下，这条当时西藏唯一的高速公路，绿化效果得到了高度肯定。胡巧立总结园林建设工作方法时说：“不论哪个项目，试验成功后方可推广，不能盲目上马。”

“我能为西藏留下点什么？”这是援藏工作中，胡巧立经常问自己的一个问题。

援藏期间，他主持申请到了《拉萨市物种多样性试验示范项目》《西藏自治区拉萨市困难立地造林试验项目》等多个项目。其中，让他最为骄傲的是《拉萨市中心苗圃改扩建项目》。从当初没有资金，没有工人，没有技术，只有一片荒地，到如今中心苗圃每年可以生产出价值上千万的苗木，常年为公益植树造林提供种苗，并解决了 15 个长期就业岗位。这些成绩的背后凝聚了多少辛苦，胡巧立自己也算不清了。

每天工作 10 多个小时是胡巧立的常态。今年年初，胡巧立被委以筹建拉萨林业国企的重任。他说：“筹建公司，有很多事得做，5 个月时间，一天都没休息过。”支撑着他的，除了家人的理解与他心中的绿色西藏梦，还有身边同事们的干劲。“有时候夜间动工，得加班。记得有一次，我凌晨 1 点多回单位拿资料，结果看到一位藏族同事与一位汉族同事还自发在单位加班写材料，我真的很感动。”胡巧立深情地回忆着。

拉萨的太阳辐射强烈，作为专业技术类的援藏干部，胡巧立经常在户外各个工地间往返。“数不清晒掉几层皮了，每天晚上回去，皮肤一沾水，便疼得龇牙咧嘴。白天都在外头跑，回到家，一沾枕头，就睡着了。”原本皮肤白净的胡巧立笑着说，“我现在应该是北京市第六、第七批援藏干部中皮肤最黑的一个。但是工作有了成效，一切都值得。”

“失职”的父亲：从未参加过孩子的家长会

5 年多前，响应国家号召，满腔热血的胡巧立报名援藏，通过层层考核筛选，胡巧立在援藏名单上看到了自己。那个时候，他是一个有着远大抱负的园林人，也是一个 3 岁孩子的父亲。

“家人一开始不太同意，但是后来经过反复沟通，他们支持我来。”白天在工地上忙碌，晚上因高原反应严重失眠。每当这个时候，胡巧立就会格外想家。他充满自责地说：“这些年，我疏远了太多亲情，积攒了太多愧疚。忠孝两难全。”胡巧立回忆，有一次半夜接到妻子的电话，说孩子发高烧需要住院，听着电话那头妻子无助的哭声，他既焦急，又心痛。

来到西藏的第二年，父亲去世，给了胡巧立极大的打击。“那时候是4月份，处于造林的高峰时期，我正在工地上，突然接到家里来电话说父亲突发心脏病，走了……”胡巧立声音哽咽地说，“没能送父亲最后一程，是我这辈子最大的遗憾。”

2013 年 7 月，胡巧立 3 年援藏期满。时任拉萨市林业绿化局局长的宋留柱专门前往北京与胡巧立的在京单位协商，希望胡巧立继续留任。尽管内心充满纠结，但最后胡巧立还是选择了留下来。

胡巧立在植树

胡巧立在研究图纸

“考虑到援藏工作者的身体条件与家庭情况，组织一般不会支持我们留任。但是对方既然提出了留任的要求，一定有不得已的原因，我要服从组织的安排。”胡巧立说，“在拉萨3年了，对这里的人文环境、社会环境、自然环境比较熟悉，自己负责的项目也到了关键时期，留下来巩固项目成果，义不容辞。”

在拉萨的工作时间，从3年延长到了6年，胡巧立对于家人有了更深的愧疚与感激。“爱人遇到困难的时候，会在电话里落泪，但是在很艰难的情况下，仍旧支持我的工作。”胡巧立说，家人的支持是他在西藏安心工作的“定心丸”。

初到西藏时，儿子只有3岁，现在已经8岁多了。胡巧立感叹，自己是一个“失职”的父亲，从未参加过孩子的家长会，也未曾接送过孩子上学。“儿子已经上三年级了，每次回去，都会对我感到陌生。”胡巧立有点失落地说。一年仅能回家一两次的他，虽然有50天假期，但是因为回京还得为绿化项目的各项工作忙碌奔波，他与家人相处的时间少之又少。“只要一有空，我就和儿子腻在一起，培养感情。”胡巧立叹了口气，“希望儿子长大后能够理解爸爸的选择。”

投身援藏建设，有得亦有失，但胡巧立说自己并不后悔。看着西藏一步步发展变化，他表示，希望能有越来越多的青年来这里实现人生价值。

他说：“在最年轻的时候如果不走出来，为祖国多做点贡献，是对青春岁月的一种辜负。越是年轻，越要到最艰苦、最困难、国家最需要的地方去。”

尤云秀：难舍西部支教情

尤云秀

要做一个好老师，和孩子们成为最好的朋友！

作为河南首批援藏青年志愿者服务队的队员，24 岁的尤云秀在昌都市察雅县小学已经支教整整 1 年了。

察雅县地处昌都东南，气候本来就干燥，加上近来天气炎热，她又兼着一年级班主任，教学压力又大，嗓子说哑就哑了。

恰好学校来了新的志愿者，尤云秀想找人代课，本以为孩子们听了会欢呼雀跃，却不想有人课下找到她，直截了当地说："老师，你要是不教我们，我们就不听话！"

她听了特别感动，她说："没想到他们会这么依赖我！"

背着父母参加援藏的"倔姑娘"

尤云秀是内蒙古人，在南阳师范学院读的大学。

要说起来，尤云秀还是背着父母参加援藏服务队的。

尤云秀（右一）教师节和学生们的合影

她是家中的独女，从小娇生惯养，父母怕她吃不了苦，又不会照顾自己，说什么也不同意她去援藏，没想到她表面上答应，背地里却偷偷报了名，临行之时才通知了家人。

母亲接到电话，还没说一句话，眼泪便流了出来……

刚到察雅，尤云秀发现，高原上的这座县城甚至还不如东部地区的乡镇。

放眼一望，整座县城只有一条街道，从这头走到那头，一个小时都用不了，而且由于修路的缘故，到处都是厚厚的尘土，车过之后烟尘滚滚，都看不见马路对面的人。

这还不算，当时她的宿舍在6楼，没有自来水，用水要到很远的一座山旁去提，而且全是浑浊的泥巴水。白色的衣服一放进去，立马会变成土黄色，而她的衣箱里都是白衣服。

“说实话，那时候连死的心都有。”尤云秀笑着说。

支教第一天，她被女学生咬了一口

2014年8月13日，这是尤云秀到察雅小学报到的日子，她一辈子都忘不了。

那天，第一次见到自己的学生，尤云秀非常开心，觉得那些藏族孩子什么都不懂，却仍是那么天真可爱。她发誓“要做一个好老师，和孩子们成为最好的朋友！”

然而，事与愿违，第一天上课，她在台上讲，下面乱成了一锅粥。这还不算，因为语言不通，她的手还被一位藏族小女孩咬了一口……

一连串的事情让她特别伤心，“那时候好想一走了之”。

然而，尤云秀还是坚持了下来，虽然她自己也说不清当时为什么留下来。

慢慢地，她逐渐有了成就感：经常和她讲藏语的孩子，有一天突然可以用汉语和她交流了。孩子们爱用明亮的大眼睛和她“说话”。她和孩子们的关系，也一天天亲密起来。

察雅小学面积不大，只有两栋教学楼、一个操场，却安置着近3000名学生，活动空间很小，更没有什么课外活动，孩子们却每天都玩得不亦乐乎。

没有毽子，没有沙包，他们就用榆钱树叶绑到一起当毽子踢，当沙包玩；

尤云秀给学生讲解疑难问题

尤云秀和学生一块放学

没有陀螺，他们就用牙签穿到塑料瓶盖子上，照样玩得不亦乐乎。

看着藏族孩子一天天懂事，她真舍不得走

最让尤云秀感动的一件事，来自于班里的两个小男生。

那天是周三，尤云秀出去开会，并不知道学校要去班里检查卫生，等到她开完会回到班里，竟发现登巴曲邓和洛桑益西两位学生正在埋头扫地，累得满头大汗，小脸通红。

看着他们那样懂事，干得又那样认真，尤云秀的眼睛又一次湿润了……

多么天真淳朴的孩子啊！一旦哪天要离开了，她真舍不得。

尤云秀曾经悔恨自己没有很多钱，不能让学生们生活得更好，不能让他们享受更好的教育。可看到曾经满脸鼻涕的他们，正一天天变得讲卫生、爱学习，一天天长大和懂事，尤云秀心中仍会升腾出前所未有的成就感和满足感。

如果一直把他们带到六年级，那会是什么样子？

如果看着他们一天天长大，又会是什么样子？

闲下来的时候，尤云秀常常这样想。

后来，她也是这样做的。

志愿服务届满 1 年，她自愿选择留下来，她觉得自己有责任留在这里，给那些藏族孩子们更多的关爱，让他们和所有的孩子一样，都能快乐幸福地成长……

李红霞：仁心医者的援藏情

李红霞

医生在我心里是一个神圣的职业，每完成一次手术，救治一个病人，我都有一种使命感和成就感。

人们对西藏的认识大多来源于图片和视频资料，当地恶劣的环境、艰苦的条件往往被壮阔的风光所掩盖着。只有真正踏上这片土地，切身体会到高原反应，才能真正理解在当地工作、生活的不易。

而北京市西城区展览路医院妇产科医生李红霞，作为第七批援藏医生竭尽所能，为西藏医疗做出了卓越的贡献，和当地人民结下了深情厚谊，书写出了属于自己的多彩篇章。

救死扶伤是医生的天职

“医生在我心里是一个神圣的职业，每完成一次手术，救治一个病人，我都有一种使命感和成就感。”李红霞说。

刚工作不久，一名老大夫告诉李红霞，作为一名医生，不要只局限于自己的学科范围，每个病人的健康状况是由多种因素综合决定的，只学好妇产科相关知识远远不够。

李红霞对前辈的一番指点至今铭记于心。她表示，就是这样不放弃和认真应对任何病症的态度，让她在援藏过程中能够很快适应当地的工作环境。“毕竟当地医疗水平有限，我作为一名妇产科大夫，要面临的是许多复杂的综合的病症。”

提及援藏，李红霞笑着说：“其实在援藏前 1 年接触过有西藏工作经历的朋友，听他们提及过那里。我也曾设想过要去西藏贡献自己的一份爱心，不过平时工作繁忙，我以为会在退休以后参与当地的公益事业，发挥余热。”

2013 年 5 月，北京市西城区展览路医院接到援助西藏的医疗任务，李红霞立刻提交了报名申请，经过层层选拔后，李红霞于 7 月“出征”西藏。

临行前，李红霞最放心不下的是女儿。出发当天早上，李红霞推开女儿的房门，看到女儿安静地睡着，本想不去打扰，可是一想到一年见不到女儿，又忍不住趴在女儿的小床前看了一会儿。

李红霞（左）为当地僧侣体检

“那时我才发现，她蒙在被子里默默掉着眼泪。当时我也忍不住哽咽了，拍拍她后，对她说：‘闺女，你要坚强。’”

建立一支带不走的医疗队

刚踏入西藏，剧烈的高原反应让人措手不及。

“我一下飞机就开始吐，并且头疼欲裂，就像一个电钻在不停地钻着，仿佛能听到刺耳的声响。晚上两三点无法入睡也是常态，白天又吃不下什么东西。第一个星期真是苦不堪言。”回忆起这些，李红霞觉得一切仿佛历历在目，“这时就体现出了集体的力量，我们这一批共有 8 个人。大家都互相照应着，拿水拿药。”

就这样，简短地调整了一周，李红霞便开始了援藏工作。

在当地县医院，作为妇产科主任的李红霞首先改变的就是当地日常诊疗、危重症患者的抢救、人才培养的现状。

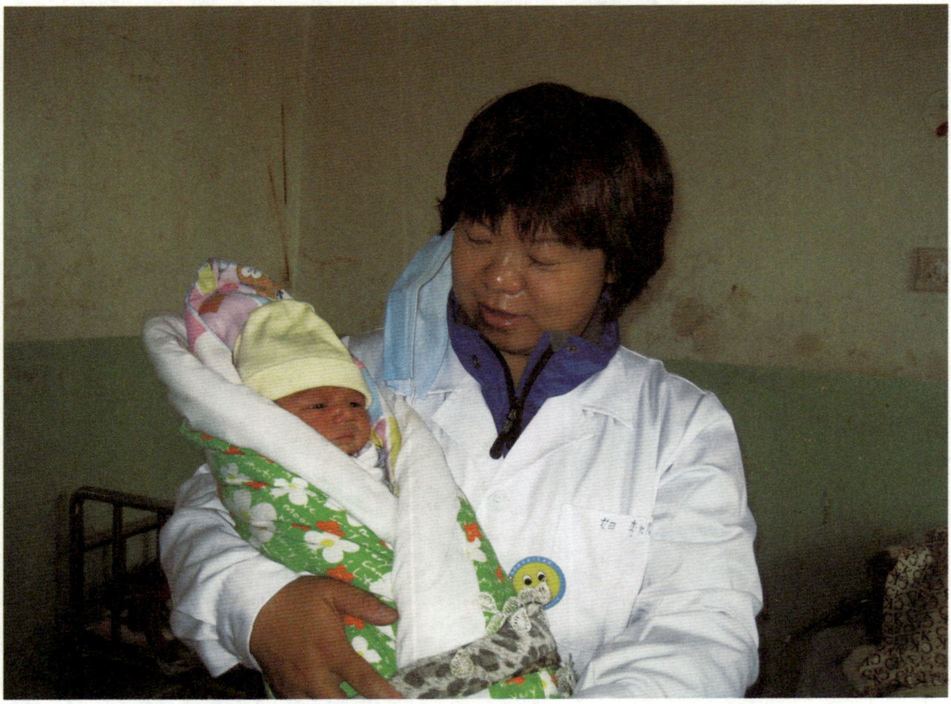

李红霞怀抱援藏时接生的第一个婴儿

李红霞说："刚开始会有点累，当地医生有着自己的习惯。想要短时间内改变他们的习惯，提高他们的水平，需要付出很多。"

因为医疗条件限制，当地很少进行开腹手术，李红霞便手把手地教，鼓励当地医生多做多练。这项工作进行得比较顺利，妇产科工作有了突破性进展。李红霞深感欣慰，当地同事们也深受鼓舞。

不久后的一天，李红霞要去拉萨商谈妇科检查的相关事项。她刚上车不久，医院那边打来电话说，剖宫产手术出现了一点意外，竟然无法正常进入腹腔。

"当我赶回去时，发现他们按照规定处理得很妥当谨慎，没有发生意外。"李红霞表示，"我倒认为这并不是一件坏事，虽然表面上看没有完成手术，但是他们学会了冷静地处理特殊情况，也积累了这方面的经验。'传帮带'这个过程很重要，不是自己要做多少，而是教会他们很多，让他们动手去实践。"

李红霞还发现，当地民众的就医意识相对薄弱，住院分娩率很低，孕产妇和新生儿有很大风险，因此手术之外，普及医学常识也很关键。

在多方努力下，李红霞和同事们建立起高危妊娠管理的三级网络，逐层覆盖了县、乡、村，从根源上降低了风险，并减少了不良孕产病人。李红霞说：“我们的诊室里放着一个小袋子，每个村里高危孕产妇的资料都放在里面，并且根据病情标注检查日期。到了日期，如果对方没来做检查，我们就会主动联系，甚至去上门，争取尽快解决问题。”

家人的支持是援藏的坚实后盾

在援藏期间，家人、同事的支持成为李红霞的一大动力。

2013 年 12 月底，李红霞来到雪域高原已经有半年了，工作逐步走向正轨。那一天，李红霞刚给病人做完手术，就接到通知，她年迈的父亲因消化道出血昏倒在家里，母亲也在慌乱中摔倒骨折了。一面是父母，一面是术后还处于关键恢复期的病人，李红霞只能忍住探望亲人的想法，继续留在医院里看护病人。她联系了北京市西城区展览路医院，院领导和科里同事第一时间赶到她家中，送两位老人就医，并安排专人照料，免除了她的后顾之忧。

当地领导和同事得知消息后也劝李红霞回家看看。两三天后，待产妇平安出院，李红霞才匆匆赶回家里。面对李红霞的愧疚，同为党员的老父亲默默安慰她，用实际行动支持了女儿的工作。

“我弟弟来到医院照料父亲，他跟我说：‘姐，没事，家里的事情你尽管放心。你就在那边做你该做的，我们在家做我们该做的。’”李红霞深情地回忆道。

年幼的女儿耳濡目染了这一切，也默默地支持着李红霞的工作。她在小升初入学考试作文中写道：“我的志向是做一名医生，因为我的妈妈就是一名医生，我非常尊敬她。如今，我妈妈跟随援藏医疗队去了西藏，到了条件艰苦、环境恶劣的地方，去帮助更多需要帮助的病人，我有一年时间不能见到她，我很想她。但我为我妈妈感到骄傲，我会好好学习，立志当一名像妈妈一样的医生，救死扶伤。”

李红霞得知这一情况后，既欣慰，又骄傲，还高兴地和同事们分享女儿

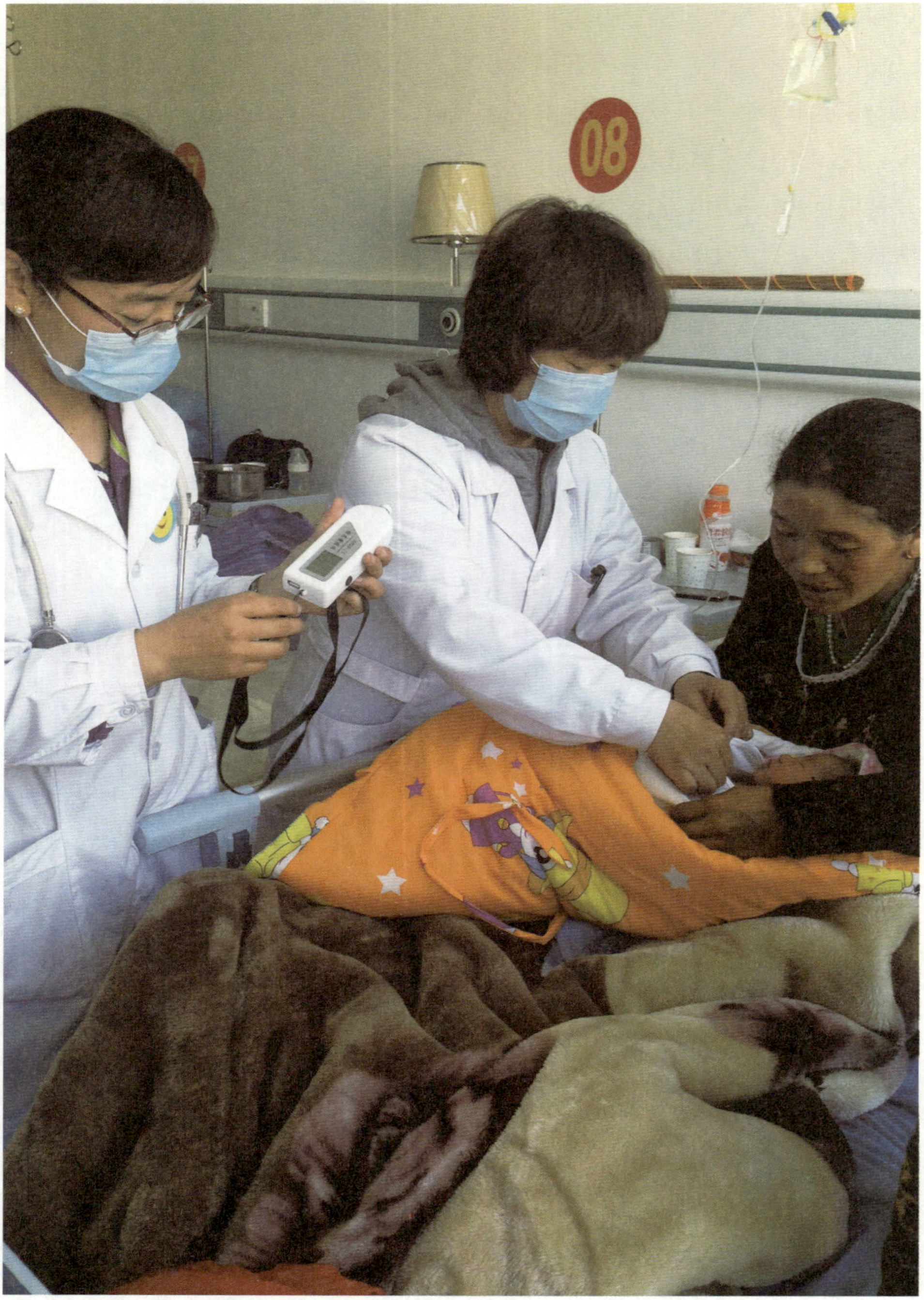

李红霞（中）带着徒弟次旦拉姆（左）在查房

的成长经历。

“我到了西藏后发现，国家对这边的扶持力度很大，硬件还算不错，孩子们的吃、住、行、上学等费用基本都由国家承担了。但是与他们相处后，我觉得，他们的图书太少了，很多孩子课余时间没有什么课外书可以看。”

李红霞跟女儿商量后，捐赠了一些放置在家里的儿童图书。在他们的影响和带动下，女儿的同学和朋友，还有李红霞的很多朋友也参与进来，为西藏的孩子们捐赠图书。

援藏精神从未远离

如今，李红霞从西藏回来已经 1 年多了，谈及这段特殊又充实的日子，李红霞说自己受益良多：“对我来说，援藏是一种积极向上的精神，也是一种对人生的考验，更结下了一段永生难忘的情谊。”

尽管人不在西藏，可是李红霞和西藏同事的联系从未中断过。大家时不时通过网络交流医学心得，分享做了哪些手术，取得了哪些进步，遇到了哪些困难。

李红霞在援藏期间带的藏族徒弟次旦拉姆更将两人的关系比作母女。为了西藏医学的发展，李红霞鼓励她继续深造。经过不懈努力，2014 年，次旦拉姆考取了华西医科大学的研究生。提到徒弟，李红霞眼中闪过自豪又温暖的光芒。

“从西藏回来后，我在微信上写了 4 个字——医者仁心。我相信援藏的工作虽然结束了，但是它带给我的精神和影响会一直延续下去，这是我最宝贵的财富！”

李敏：援藏医生青春无悔

李　敏

我深深地爱上了这片土地，并愿意为之奉献。

2015 年 7 月 17 日 13 点，李敏在北京上地医院产科的医生办公室里接受了媒体采访。这时候，距她结束援藏返回北京已经快 1 年。

接受采访之前，她刚刚做完一台手术。在被问到是什么手术时，李敏说：“就是一台小手术，剖宫产，我们这里是产科嘛。”可就是这样的“小手术”，在她刚刚抵达西藏自治区拉萨市尼木县医院时，也是一场历史性的挑战。

进医院，先要建产房

尼木县，位于拉萨市西南 140 千米，是拉萨地区文化经济相对落后的县。与李敏同批援藏的第七批援藏干部中有 6 人被派到了尼木县，其中医生为 3 人，只有李敏是妇产科医生。

在李敏一行到来之前，由于县里没有血库，也没有过硬的儿科医生，软硬件都欠缺，县医院还从来没有做过一例剖宫产手术。

李敏等人来到医院的第一件事就是参观手术室。院长谭申权带他们去参观了手术室，还未拆封的医疗器械、过期的护理用品让李敏非常头疼。哪些东西能用，哪些东西要添，她给出了一张单子。“我们从医院里找到了一袋包布，原以为能用，结果一看生产日期，上面写着 1976 年，我们当时就傻眼了。”李敏回忆说。

她和同事们从拉萨和北京，托朋友、同事购买需要的器械，几乎是从零开始，装备了一个手术产房。

2013 年 11 月 25 日，高原上的天气格外寒冷，尼木县医院来了一位 33 岁的藏族产妇。她的预产期已过，但她腹中的孩子迟迟未能降生。经检查，这名产妇血压特别高，高压数值达到了 180，尿蛋白++，属高危产妇。这种情况下转院到拉萨，路上随时可能会出现危险。

“用药两天以后血压下降仍不明显，若继续待产风险很大。我们就建议她做剖宫产手术。”李敏说。当时他们也在犹豫，毕竟尼木县医院还没有过

尼木县医院住院部

剖宫产的先例。

“医院也没有血库，我们的（援藏干部）领队问我‘你行吗？’我是仔细考虑了各方面的情况，加上孩子也不大，觉得可以做手术。”李敏回忆道。最终，医疗队决定在县医院做第一例剖宫产手术。为了确保万无一失，他们还从临近县调来了两名援藏医生。

一名藏族的麻醉师去说服家属，但家属一听是县里的第一例手术，也紧张了起来，刚开始不同意在手术单上签字。

李敏只好亲自出马。她不懂藏语，但她突然发现产妇的脖子上挂着一个佛像，她就对着佛像做了一个手势，笑着说：“它能保佑你。”

李敏感觉到病人一下子就放松了。“她可能觉得这个大夫怎么用这种方式跟她沟通啊！”

李敏对病人的家属说：“你们再考虑考虑。我们不强求，尽管我们手术准备都做好了，但是，如果你们要求去拉萨做手术，我们也有专车送。”

“家属当时的答复是再考虑考虑，但过了不到10分钟，家长就过来说：‘我们签字吧。’”

手术过程非常顺利，但藏族的麻醉师和护士都非常紧张，这是他们第一次上手术台。

当天，同是北京援藏干部的尼木县县委书记、县长都守候在手术室的门外。这是当天整个尼木县最大的一件事。

“我很感谢他们，因为有干部们、同事们的支持，我觉得心里有了底。手术能这么顺利，不是我一个人的荣誉。”李敏笑着说。

本地医务人员要从头教起

西藏本地的医生往往理论知识相对薄弱，不能熟练操作先进仪器。北京援藏医生除了开展正常的诊疗工作外，还要为医院里的本地医务人员提供指导，通过“带徒弟”等方式提高医院整体的业务技术水平，以达到技术援藏的效果。

李敏说，以前觉得自己就是一名普通医生，但是在尼木县医院，要时时充当领导者的角色。即使一台最简单的手术，李敏也要眼观六路、耳听八方，一个点都不能放过。

尼木县医院的医生常说：“有李老师在，我们什么都放心了。”

李敏笑着说：“他们是放心了，可我心里一直在打鼓，生怕出了什么问题。”

县医院的医护人员非常尊敬李敏。“李老师，你教教我们吧！”这是李敏听到的最多的话。

李敏要教的东西很多，甚至很多基本的常识也要从头开始教，例如如何穿无菌手术衣，如何刷手，等等。“他们从前没意识到这些很重要，我就要一遍遍叮嘱，几乎都是从零开始。”李敏说。

最开始几场手术，护士钳子都要找半天。李敏每次都亲自数器械，并示范如何摆放。

对于医生，李敏培训他们从一针一线的缝合开始，再到如何识别高危产妇。

李敏（右二）在尼木县霍得村义诊时和当地孩子合影

李敏强调：“必须要能识别高危产妇，这样才能提前做好转院准备，因为不是所有医院都配备了血库——北京的医院也不是都有血库——所以能识别高危产妇，提前做好准备，就能避免很多危险情况。”

“他们很聪明，学得很快，也很上进。”李敏评价说。

在她的带领下，一年里，尼木县医院完成了63台手术，县医院也培养出了能独立操作剖宫产手术的本地医生。那一年里，李敏带出了两名助手，还有一个护士团队。除剖宫产外，当地医生已经能独立完成绝育等小手术。一个产科手术团队初现雏形。

在她离开后，还会有一批又一批援藏医生接手接下来的工作。李敏很高兴，她说：“这样就接起来了，最起码他们的医疗水平不会再停滞不前，以后会越来越好。”

但李敏还有别的想法。藏区医院的硬件设备一直存在问题：一是有些设备很缺乏，像尼木县医院，全院仅有两台胎心监护仪，有一台从李敏到西藏

就拿去修了，但直到她离开，还没修好；再就是“有些设备确实都很先进，但一旦坏了，在西藏根本就没办法修，必须拿到四川、成都去修，太远了”。李敏说道。

她提到的“进口设备”是各地对口支援西藏的时候捐赠的医疗器械，“再捐的话，就不要捐进口的了”。李敏说着也忍不住笑了起来。

吸着氧气瓶到极高海拔的贫困乡区义诊

援藏医生们除了在医院接治病人外，还会参加县医院组织的下乡义诊活动，去的都是县里最偏远、海拔高、就诊不方便的地区。这些地区的百姓受困于交通、意识等方面的原因，根本就不会到县医院就诊。

李敏举了个例子：“像有的地方，海拔太高，路不好走，又没有车，要是出去看病，可能要走五六个小时才能到拉萨或者县里的医院，老百姓哪里有这个条件呢！”所以，李敏他们的义诊受到了当地百姓的热烈欢迎。

她在自己的援藏报告里写道：“记得有一次驱车 2 个多小时赶到海拔 4800 米的一个乡，乡村医生握着我们的手告诉我们：“因海拔高，路难走，以前从来没有援藏医生来过这里，你们是第一批，谢谢你们！”其实我们的同事还在车上吸着氧。那一刻，我自己都觉得我们好‘高’呀，哈哈！”

有人问李敏一共去义诊了几次，有哪些印象深刻的事。李敏说：“太多了，我都不知道该从哪里讲。”这句话在她讲到藏区其他的援藏干部义诊情况时也被反复提到。

李敏说，藏区的干部们有很多是援藏 3 年的，在她结束援藏返回北京时，他们这批援藏干部中，有两位年轻的同事主动选择留下来接着进行援藏工作，“因为他们医院的工作还没有完全展开，很多需要教的还没有教完，留下来好帮助医院尽快地提高本地医疗水平”。还有的干部长期驻藏，有些人的父母、孩子在其他地方生活、学习，几年见不到，可他们还是在西藏工作，为西藏的发展贡献着自己的力量。

提到这些，李敏很是感慨，她说：“所以我觉得自己真的是不值得被采访、被报道的，比我贡献大的人还有很多，他们才应该被报道。”

愿所有人的青春都能无怨无悔

除了在医疗上尽最大的能力提高县医院的医疗水平，给予当地干部群众医疗便利外，本着团结当地群众的目的来到西藏的援藏干部们，也一直记得自己的使命，和当地的干部群众，特别是藏族同胞搞好团结。李敏说：“这就要求我们这些援藏医生在工作中特别谨慎，因为一次医疗事故，不仅仅是对病人及病人家属的伤害，更可能影响民族团结。”

不仅仅是医疗工作，他们还和县里一户贫困户结成一对一帮扶关系。在他们离开藏区后，新一批援藏干部会接手他们的工作，接力棒一般的，将帮扶工作进行下去。“我希望用实际行动为西藏的稳定尽一份力。”李敏是这样想的，也是这样做的。

可能是因为缺氧，这里的生活节奏慢，但能让她在大都市里一颗浮躁的心平复下来，能更好地思考，更好地工作，更好地为老百姓服务。这里的工作让李敏最高兴是，她能实实在在地为藏族同胞们做一些事，尽最大努力保

李敏（中）慰问贫困户

障孕产妇及新生儿的安全。

李敏说："在一年的援藏生活中，我经历了很多人和事，使我开阔了视野，锻炼了能力，净化了心灵，也让我深深地爱上了这片土地，并愿意为之奉献。"

在采访的最后，她这样总结道："没有去西藏之前，大都市里，生活节奏很快，使我不能静下心来去考虑一些问题；在去西藏之后，我的心态变得平和了，也能好好地思考。我觉得我们在年轻的时候，应该要有这样一个阶段，可以静下心来好好思考，自己目前是什么状况，自己未来想要什么。在老了的时候，我回想现在，也会因为这段援藏旅程，觉得人生没什么好遗憾、后悔的。"

愿所有人都能青春无悔。

田峰：“最不务正业”的援藏志愿者

田　峰

我是一辈子都要留在这儿了！

他不是一名教师，却给予学生“为人师表”的榜样；他不是父亲，却比亲生父亲更能守望担当！他就是“80后”援藏志愿者田峰。他“舍小家，成大我”，甘做“人类灵魂工程师”，守护人间天使。

对许多人来说，西藏是那么遥远而陌生，布达拉宫、纳木错、珠峰，这些耳熟能详的名字只停留在网络和电视上。行走西藏，高原反应让人无所适从；扎根西藏，需要何等勇气！

田峰，湖北黄梅人。作为长江大学2014年土木工程专业毕业的大学生，家人至亲的牵挂、五彩缤纷的城市、熟悉的生活环境都没能阻止他援藏的梦想。毕业这年，他光荣地成为了一名“西部计划志愿者”，来到雪域高原，这个拥有珠穆朗玛峰的圣洁之地——西藏。

孩子围绕，幸福洋溢

田峰来西藏前的志愿是做一名教师，但他到了西藏以后，被分配到山南地区发改委产业协调科服务，平时主要负责单位业务调研、材料撰写、工种协调等事宜。

“革命的一块砖，哪里需要往哪里搬。”“为人民服务。”“我不能说，想成为一名老师就成为一名老师，给组织添加负担，或许别的岗位更需要我。”这些轻松幽默的话语化解了他不能成为一名教师的尴尬。于是，平日除了保质保量完成本职工作外，他将最多的时间、最深的爱都留给了藏南山区福利院的孩子们。

一次偶然的机会，他来到了现在服务的西藏山南地区儿童福利院。田峰辅导孩子们学习文化课，陪伴他们做游戏，为他们庆祝生日，给他们筹集善款物资。这些活动成为他生活中不可或缺的一部分。

他喜欢跟孩子相处，他的个人空间里全都是为孩子筹集生活和学习物资的文字倡议。网络的实时发布记载着他的漫漫“倡议路”：“今天有好心人

田峰生活照

寄来 20 盒粉笔。”“今天有人捐献了 500 块钱！”“今天买了 400 多块钱的袜子、5 个吹风机、1 大包零食和 1 包衣服。”诸如此类的文字每天都在被更新。

令田峰印象深刻的有这样一个孩子，他在文章里记录道：“他叫索朗多吉，大家都叫他青蛙哥哥，上初三，没穿过袜子，一件衣服没换过，鞋子也没有鞋带，但是脸上永远挂着天真无邪的笑容，所有人都很喜欢他，小孩子们常年围着他。他爱好文学，我要好好教导他，希望他将来能走入文学的殿堂。”就是这样，田峰努力发现每个孩子身上的优点。在他看来，这些孩子都是上天赐予他的礼物，让他从孩子的身上发现自己，并回归内心的平静。

“为人师表，谨言慎行，以身作则，克勤克俭”是田峰的网络签名，他也正是按照这 16 字的标准严格地要求自己，他带头为孩子们捐款，向身边的朋友们发出过无数呼吁，请他们为藏区孩子们奉献爱心。他以一己之力践行着奉献与责任的真谛！

田峰心疼孩子们，恨不能为他们做一切事情！

“我以前读书的时候很苦，常常一个夏天只有一条裤子穿。我不知道害羞，不懂得丢脸，只知道好好学习，改变现状，让父母过上更好的生活。”田峰说道。他看到孩子们在大冷天里喝冻得结了冰的水，看孩子们因为一小块蛋糕而兴奋的笑脸，都会感慨万分。他知道，用自己的实际行动为生活困苦的孩子们送去哪怕一点点炭火，也足够温暖他们的寒冬。他透过山区的孩子们就仿佛看见小时候的自己。当孩子们追着他喊“爸爸”时，田峰总是被感动得热泪盈眶。

善在心间，不争不显

在接受采访时，田峰显得有些拘束，言辞较少，给人不太健谈的感觉。他说：“‘志愿者’其实是一个很敏感的词汇。很多人会觉得做志愿者是为出名，所以我一般都不会让人知道我是一名援藏志愿者，我受不了别人认为我在作秀，我只是单纯地想做自己。”

田峰在他服务的村党支部门前留影

田峰的空间里，记录着他的生活轨迹。这里是他自我排解的心灵驿站，心累了，遭到不理解了，他会在这个地方袒露心声，用文字记录生活，用奉献的精神自我升华。

田峰说：“我爱西藏的天、西藏的人，立志为他们做力所能及的事。”

田峰是个性情中人。所有的开心与不开心都来得那么直接。他讨厌为了争夺利益而做出的“虚伪行善”，他屏蔽外界对他奉献爱心的质疑。他对自己的评价是“爱说疯话，爱做疯事，走自己的路，让别人说去！”他时时刻刻都追随自己向善的内心。善在心间，自己知道就好，不求回报。不争不显，他默默地做着自己爱做的事。

感知遇之恩，与领导亲如父子

在本职工作中，田峰也常怀感恩之心。

他来到山南区工作的第一位领导是老科长陈永忠。与陈科长共事半年，陈科长一句重话都没有说过他，手把手，细致、耐心地教导他工作和生活里一切事情。他甚至都觉得科长把他当成自己的孩子一样。陈科长调去外地时，田峰相当舍不得。

田峰的主任，一名被称为“强巴格桑”的好领导，也一直关心着来到高原身体不适的田峰，督促他去检查治疗。

田峰在桑日泡温泉治疗时，老科长陈永忠还不辞劳苦地到山沟里来看望田峰，送来新鲜的水果蔬菜，交代村里人好好照顾他，并嘱咐他要以治好病为主。田峰非常感动。

田峰对自己的要求是：“社会上，好人和坏人都有，但我需要做的是只看好的，不看坏的。被父兄般的领导感动了，无以为报，只能用为人民服务五个字来报答领导的知遇之恩！”

援藏的决心源于家人的支持

田峰的家在农村，父母都是面朝黄土背朝天的农民，他还有两个哥哥。作为从农村中难得走出来的大学生，他从小便是全家人的骄傲。对于他做的任何决定，父母都是举双手赞成。

“可能是因为有两个哥哥的缘故，我去援藏，心里也踏实一点。但有时想家了，我也会觉得自己挺不孝的。”田峰说这话时，语气有点低落。

田峰的空间里有很多小朋友的照片，出现频率最高的就是哥哥的孩子。

当有好友留言问道：“回来了？”他只能无奈地回应：“我哥发的，我哪能回去？！”

被问及如何规划自己的人生时，田峰果决地回答：“我是一辈子都要留在这儿了！”

他喜欢这里，因为在这片土地上，他看到了自己生活的影子。孩子们在学习上每一点滴的进步，生活中每一细节的改善和变化都让他欣喜。

他会把这份关爱孩子的志愿精神播撒开去，不知道多少人会和他一样关心山区贫困儿童，但是他做的每一点努力都是为了让人能逐渐注意到这个精彩纷呈的世界里的一角，他愿意用他的青春，扎根西藏，为藏区儿童守护一片澄澈的蓝天。

刘晓倜：温情支教的“西部计划”志愿者

刘晓倜

哪怕只有一个人受益，也足够了。

2012 年 7 月，来自南京航空航天大学的一名“90 后”女孩参与到团中央第十四届“大学生志愿服务西部计划”中。短短的 1 年时间，她建立了“雪域温情”爱心公益 QQ 群，帮助她支教的堆龙德庆县中学困难学生家庭募捐衣物；她帮堆龙中学 4 名贫困生找到长期资助人；她通过不懈的努力，联系陈光标爱心团队，开展义卖活动来购买课外书籍。

她，就是刘晓倜。

大爱无疆，情暖堆龙

初次来到西藏拉萨堆龙德庆县，西藏特有的高寒缺氧环境让这个来自苏南的女孩略感不适。为了了解支教中学的学生，她打算先进行家访。

她发现，由于自然地理条件以及其他原因，部分学生家庭特别是孤儿、单亲或父母残疾的家庭生活很是困难，学生的校外生活需要帮助。

于是，刘晓倜决定尽己所能地去帮助他们，然而几次实践后，她慢慢感到个人力量的单薄，很多事非一日之功、一人之劳就可以完成，便萌发了寻求集体力量的想法。

2012 年 10 月 27 日，刘晓倜建立了旨在帮助堆龙中学困难学生家庭温暖过冬的“雪域温情”爱心公益 QQ 群，向社会介绍堆龙中学困难学生的情况，希望得到大家的帮助。

没想到，在刚建群的十几天内，就在社会上引起了极大的反响和关注。“雪域温情”QQ 群不仅受到了浙江大学、南京航空航天大学、同济大学、南昌大学等 13 所高校和上海飞机制造有限公司、深圳航空公司、中兴通讯等大型企业的关注，还受到了陈光标、郑渊洁等社会知名人士的关注，群成员超过 200 人。

截至 2012 年 12 月 1 日，刘晓倜共收到了来自全国各地 26 个单位和个人的捐赠物资共计 93 箱，折合人民币约 4 万元。12 月 6 日，在支教团成员和堆龙中学“阳光小屋”的帮助下，刘晓倜顺利举办了“大爱无疆 · 情暖堆龙”

爱心捐赠物资发放仪式，将募集到的所有物资发放给堆龙中学120名困难学生，帮助他们的家庭温暖过冬。

在募集物资的过程中，刘晓倜了解到有几个困难学生需要寻找长期一对一资金资助对象。经过几番联系，最终4位学生找到了长期资助人，其中浙江大学周建教授给予堆龙中学初一（1）班达娃卓玛和初一（10）班德庆卓嘎两位同学每学年1000元的资助，直到大学毕业；同济大学大学生张甜甜给予初三（12）班嘎玛久乃同学每学年4000元的资助，直到高中毕业；刘晓倜本人也给予初一（9）班边巴洛桑同学每学年400元的资助。

一次主题活动让她坚定了信念

为了帮助学生树立正确的人生观、世界观、价值观，刘晓倜主动对学生进行思想引导，联系共青团南京航空航天大学委员会青年志愿者工作部组织了一次“藏汉一家亲，信件传真情”主题教育活动。

刘晓倜家访中与学生合影

时值感恩节到来，刘晓倜以此为契机，给学生们上了一堂感恩主题教育班会。会上，刘晓倜组织学生写信给南航的学长们，信的内容包括自我介绍、家庭成员、家乡美景、兴趣和梦想、对学习的看法以及对帮助过他们的每个人表达感谢之情。280 封信，一封封都传递着藏汉一家亲的真情，活动受到了学生的热烈欢迎。

“他们用信件向我母校的大学生哥哥姐姐们介绍自己和家乡，诉说自己的理想，倾诉自己的心事。写信的时候，他们比考试时都要认真，全班的学生都在奋笔疾书，连平时的小捣蛋们都在苦思冥想。信件寄出后，每堂课的课间，学生们总会充满期待的问我：‘老师，信件什么时候能到？’”刘晓倜回忆道，嘴角露出了甜蜜的笑容。

经过漫长的等待，南航大学生们的第一批回信终于到了。学生们迫不及待地冲到讲台上寻找那封只属于自己的回信。

“当信件散发完毕后，大家都在兴奋地阅读着回信，只有最后一排一个‘小调皮’出奇的安静，默默地坐在自己的座位上。我走近他，发现他一脸失望，无助地看着空空的课桌，原来他没有收到回信。”刘晓倜依然清楚地记得那名学生失落的脸庞。课后，刘晓倜冒充了他的笔友，给他写了一封信，鼓励他要好好学习。“后来，我第一个打开了‘小调皮’的回信，吃惊地看完了最后一段，上面歪歪扭扭地写着：‘我不爱学习，上课总是听不进去，但是我会按照你说的，每天进步一点，上课好好听讲！’从那以后，每堂课上，都能看到他坐得笔直，认真地写笔记，积极举手发言。”

“我很开心，这样的活动，哪怕只有一个人受益，也足够了，以后我要多组织这样的活动，让我的学生们在娱乐中受益，在轻松中学习！”刘晓倜备受鼓舞，心中默默许下了承诺。

角色转换让她潜心教育教学

根据堆龙中学校委会的安排，刘晓倜被分配在初一年级担任 5 个班的地理课教学工作。刘晓倜从讲台下的一名学生变成讲台上讲授知识的老师，角色的转换让她认识到要更专注地去研究教案，更充分地备课，积极探索多种教学方式，认真上好每一节课。对一些学习跟不上的同学，刘晓倜还利用课余时间，有针对性地进行辅导。

最后，在学校领导和老师的帮助下，刘晓倜顺利地完成了教学工作。她教学的初一（7）班和初一（3）班期末考试分别获得地理单科班级均分第 1 名和第 2 名。在全校 150 名老师参加的期末考评中，刘晓倜排名第 37 位，受到了学校领导和同事们的一致好评。

作为一名地理老师，当她看到 2013 年“雅安大地震”给灾区人民带来的巨大痛苦后，考虑到西藏也处在地震带上，于是主动开设地震知识普及课，传授正确的地震自我保护方法。

一天 14 个小时的工作强度让这个瘦弱的女孩有些吃不消，但她从不迟到早退，学生欢笑的脸庞是她坚守的动力，“看到学生们能够安全快乐地在校园中学习、生活，我的内心充满了满足感和成就感”。

10 年“西部计划”，万名学子奔赴西部

2013 年是“大学生志愿服务西部计划”开展 10 周年，成千上万的优秀大学生、研究生带着丰富的知识、先进的理念、建设祖国的崇高理想奔赴祖国的大西部，他们带领西部的孩子放飞理想，在广阔的西部绽放青春。

常说自己是成长于“西部计划”志愿者的顾春春说：“我的学生就像家人，我把心留在那里了。”他说，每当想到那些孩子，自己就会更加坚强，更加勤奋。

复旦大学第十二届研究生支教团队长申宸，曾带领全队 11 名志愿者来到西吉县平峰、三合、王民、将台 4 所农村中学开展支教活动。“人生的前 20 年从没有过这样的满足感。我的收获远远大过付出，我只是做了这个时代每个青年都能做的。把种子播向土壤，就一定能看到它慢慢长成一棵小树苗，长成一棵参天大树。”一年的支教生涯，激起了他传递知识和梦想的愿望。

刘晓倜说：“在西藏支教的生活中，我锻炼了自己的能力，丰富了自己的阅历，也对‘志愿者’三个字有了更深的理解。它不是简简单单的称号，而是一种荣誉，是一种社会责任。它不断地鞭策我用自己的知识和力量去奉献自己的爱心，身体力行地为社会服务。”

刘晓倜（中）与她本人捐助的学生及其家长合影

一批批西部支教志愿者秉承着“奉献、有爱、互助、进步”的志愿者精神，将支教视为事业，视为信仰，视为更崇高的理想，他们坚信“选择祖国最需要我们的基层，是青年人的使命和职责”。

钟扬：追寻生命的高度，播种科学的未来

钟　扬

十年磨一剑，不敢试锋芒。我想在西藏继续干下去，做得更多。

钟扬，复旦大学教授，研究生院院长，一位工作在青藏高原的生物学家，一位来自上海的援藏教师。15 年中，他培养出了一批藏族科研人才，为西藏大学培养的第一位植物学博士如今已成为教授，其高端人才培养“造血”模式也成功复制到了其他西部少数民族地区。

15 年间，他为国家和上海的种子库，收集了上千种植物的 4000 万颗种子，储存下了泽被后世的丰富的“基因”宝藏，为西藏大学申请到了第一个生态学博士点、第一个国家自然科学基金项目，帮助西藏建立起了科研“地方队”，成为西藏自治区第一位长江特聘教授，培养出了西藏大学第一位植物学博士，在进化生物学等研究方面与日本、欧美鼎足而立。

15 年栉风沐雨，他却说：“任何生命都有结束的一天，但我毫不畏惧，因为我的学生会将科学探索之路延续下去，而我们所采集的种子也许会在几百年后的某一天生根发芽，到那时不知会完成多少人的梦想。”

“不是杰出者才做梦，而是善梦者才杰出。”钟扬说，援藏，不仅仅是奉献，更是探寻可持续发展的动力。

走进西藏，盘点世界屋脊的生物“家底”

雪域高原的美，没有亲身走进去，就无法体会。那里不仅有着纯净如洗的蓝天、高峻肃穆的雪山和奔腾不息的雅鲁藏布江，更有着漫天的黄沙、缺氧的高原、渺无人烟的空旷和对人类极限的无穷挑战。

而在钟扬眼里，这才是那片土地令人神往的地方。

2001 年，钟扬主动请缨来到这片土地，寻找青藏高原生物进化的轨迹。因为他坚信，一个基因可以为一个国家带来希望，一粒种子可以造福万千苍生。

从阿里无人区到滚滚流淌的雅鲁藏布江，不管多么危险，只要能对研究有帮助，他都会去。15 年间，他已走了超过 40 万千米的路程。

青藏高原有着约 2000 种特有植物，“可西藏的植物资源从来没有人进行过彻底盘点，即使在全世界最大的种子资源库中，也没有西藏地区的植物种子”。

钟扬说，要盘点清楚这些生物“家底”并非易事，仅收集种子样本一项，一年就至少要收集600个样本，而且每一个样本都要收集5000颗种子，不同的样本种群所在地相隔的直线距离还不能少于50千米。照此计算，钟扬一年至少行走3万千米。

“科学研究嘛，本身就是对人类的挑战。”高原反应差不多有17种，15年间，他们每一次准备出发的水和食物时都会说：“我们也不能因为高原反应就怕了，是吧？”

死面饼子加些凉菜和午餐肉，是钟杨的野外佳肴；艰险的盘山路上，过往的车辆一不小心就会冲出路基，掉下悬崖；没有水，就不洗脸；没有旅店，就裹着大衣睡在车上；大雨、冰雹从天而降，只得猫在山窝子里……

为盘点世界屋脊的生物“家底”，他带领学生一次又一次走进西藏，走进那些最偏远、最荒凉、最艰苦的地方。

他和学生一起，花了整整3年时间，将全世界仅存的、在西藏的3万多棵巨柏都登记在册。

为了收集海拔4000米以上的香柏种子。钟扬一行人前往珠穆朗玛峰大本营，高速公路到了尽头，他们就走搓板路；没地方住宿，他们就睡连藏民也不住的、牦牛皮搭建的帐篷；因为严重缺氧，帐篷内的煤油灯根本点不亮，加了更易燃的酒精，也只勉强燃烧了1分钟；盖着3床被子仍然冷得瑟瑟发抖，几乎不能合眼。而这样难熬的夜晚钟扬已数不清度过了多少个。

走进西藏，寻找高端人才培养的援藏新模式

走进西藏，钟扬还为寻找一种高端人才培养的援藏新模式。高原植物学人才的培养不仅仅在课堂，也在雪山脚下，在荆棘丛中。

钟扬说：“把科学研究的种子播撒在藏族学生心中，留下一支科研团队，西藏的生态研究才能走得更远。”于是他开始寻找合适的“博士徒弟”。

“植物学研究必须走出课堂，走向野外。在探索中学习，在实践中成长，

钟扬在盘点世界屋脊的生物“家底”

比天天待在课堂要有效率得多。”十几年来，从藏北高原到藏南谷地，从阿里无人区到雅鲁藏布江边，不管多么危险，高原反应多么严重，只要对研究有帮助，钟扬就身体力行地带学生到野外去。

他所有的学生都吃过他做的饭，一半以上的学生在他宿舍住过。扎西次仁是钟扬在复旦指导的一个藏族植物学博士生。2008 年，在钟扬的指导下，扎西次仁从复旦大学毕业，成为西藏大学理学院第一个拥有植物学博士学位的青年教师。

“世界上有多少玲珑的花儿，出没于雕梁画栋；唯有那孤傲的藏波罗花，在高山砾石间绽放……”这首著名的藏语诗是钟扬为祝贺扎西次仁完成论文时特别为他朗诵的。一首诗念完，年轻人已经湿了眼眶。

很少有人知道，钟扬的随身听里，录着满满的藏语学习资料。他说：“我要一直保持热爱学习的状态，现在我已经能听懂 1/4 了！”

在西藏大学，钟扬招研究生最重兴趣，喜欢做植物学研究的才会招进来。

就这样，他带出了藏族的第一个植物学博士，也带出了哈萨克族的第一个植物学博士。

如今，钟扬的高端人才培养“造血”模式也成功复制到了其他西部少数民族地区。他带出的第一个哈萨克族植物学博士已开始崭露头角。

坚持梦想，无畏艰险，终有一天，梦想之花会在他们的脚下开放。在他眼中，当地学生熟悉地形，了解当地生物分布，如果受到良好的科研训练，完全可以做出成果。令钟扬欣慰的是，2014 年 6 月，西藏大学第一批 7 位生物学研究生毕业，他们中的绝大部分都留在了西藏工作。

“因为国家、人类需要这些种子。做我们这些基础性研究的，心里想的就是前人栽树，后人乘凉。”钟扬的声音不大，却是那么掷地有声。

“十三五”规划指出要推进贫困地区基本公共服务均等化，提高教育质量，深化教育改革，把增强学生社会责任感、创新精神、实践能力作为重点任务贯彻到国民教育全过程。

“十年磨一剑，不敢试锋芒。我想在西藏继续干下去，做得更多。”钟扬说。

虽已是几年前的往事，可他依旧清晰地记得，更早已付诸笔端：“窗户掉下去的第二天清晨，队伍重新启程，车开了，回头看，熟悉的土墙，挂满经幡的玛尼旗杆，旅馆老板一家子挥舞告别的手臂……那后面，一缕晨光正巧投进洞开的窗口，心头顿时涌起暖意。”

走进西藏，去完成那个遥远的梦想

2010 年上海世博会英国馆的种子殿堂令人震撼不已，但很少有人知道这其中 40%的种子都是钟扬提供的。在国家和上海的种子库中，钟扬和他的团队已经收集了上千种植物的 4 千万颗种子，这些种子很多被存放在冰库里，可以存放 100~400 年。

“这些种子可能几十年，甚至几百年后才能发挥作用，造福人类。生物学就是这样的一门学科，我们所做的可能就是一天到晚采种子，眼前没有任何经济效益，一辈子也不一定能看到光明。”钟扬说。

首届全国教书育人楷模于漪这样评价钟扬：“怀着对藏族学子成长成才

钟扬（左）在采集植物样本

的满腔赤诚，义无反顾奔赴西部边陲，撒播科学良种，收集上千种植物的4000万颗种子，造就了西藏高端生物学科研团队，令人钦佩。”

十几年往返于上海、西藏两地，在海拔数千米的高山上奔波探察，个子高大的钟扬教授，如今每分钟心跳只有44次。2015年5月，他大病一场。但他一边休养，一边筹划着明年在西藏的考察任务，仍然坚持着那个遥远的梦想。

雪域高原的蓝天下矗立着一个播种未来的高大身影，阳光照射，闪耀着金色的光辉。

曾有人问钟扬：“你如果不去西藏，留在上海专心搞研究发论文，是否有更多成就？”“也许是吧。”

他答得坦率，却并不后悔。在复旦大学先进党员报告会上，他用自己对高山雪莲的热爱来表达对自己所从事的事业的自豪感：“先锋者为成功者奠定了基础，它们在生命的高度上应该是一致的。这就是生长于珠穆朗玛峰的高山雪莲给我的人生启示。”

刘英俊：十年西藏情，成就志愿梦

刘英俊

我上辈子已经和拉萨结了缘。

2013 年 4 月 25 日上午，由西部计划全国项目办、团中央青年志愿者工作部、中国青年志愿者协会秘书处和西部计划北京项目办等单位联合举办的“中国梦·西部情”西部计划 10 周年巡回报告团北京报告会在中国农业大学举行，西部计划志愿者刘英俊作为报告团成员，在会上介绍了自己在西藏工作的事迹和感受。

10 年前，当听到“西藏”两字时，大家能联想到的是：西藏地处高寒，民风纯朴；一座座覆盖着白雪的山峰，褐红色横亘绵延的沙砾山峦；直射的强烈阳光，异常干燥的空气，凛冽干冷的风；风中呼呼作响的经幡，向天地表达吉祥如意祈祷的洁白哈达……或许，这也是我们大部分人心中的西藏轮廓。

初见刘英俊，他厚厚的镜片后面是一双有神的双眼，可能是由于工作辛苦，眼神中夹杂着一丝疲惫。30 多岁的他头发中已经夹杂了些许白发，散布在浓密的黑发中，由于长期在高原地区生活，皮肤也黝黑得有些发亮，然而通过 10 年的西藏工作的磨炼，言谈之间透着沉稳和笃定。

刘英俊毕业于同济大学土木工程专业，土木工程也是同济大学的王牌专业之一。

2003 年 6 月 13 日，离毕业典礼只有 5 天，刘英俊准备到上海一个待遇丰厚的单位报到。此时“大学生志愿服务西部计划”启动了，他深思熟虑后报了名，并积极要求到西藏去。

不出意外，同学的劝阻、家人的担心……接踵而至。刘英俊确实放弃了太多。待遇好、专业对口、单位所在地气候宜人，论收入、论工作环境和生活条件，每一样都比去了西藏要好得多。但他清楚地知道，去西藏历练自己的机会就只有这么一次。终于，他怀着忐忑的心情，踏上了西藏那片神奇的土地，开始了新的人生征程。

我上辈子已经和拉萨结了缘

初到拉萨，刘英俊看到拉萨河两岸杨柳翠绿，遍地花香，劳动的人们欢歌载舞，处处一派生机盎然，他被迷住了。刘英俊个性乐观开朗，这也使他很快地适应了拉萨的气候，融入了那里的工作和生活。“就连拉萨本地人都说，我上辈子已经和拉萨结了缘。”刘英俊说。

随着在拉萨市建设局工作的顺利展开，刘英俊全身心投入到忙碌和辛苦的工作之中，除了做好单位的本职工作之外，还积极开展一些相关的志愿服务活动，例如给孤儿院的孩子补课，为困难人员捐款，义务植树，等等。他说：“回想起那段日子是多么快乐。”

随着时间的推移，刘英俊也慢慢地喜欢上了西藏，喜欢那里的山山水水，喜欢自己的工作。渐渐地，他开始有了留在西藏工作的打算。当志愿服务1年多的时候，单位领导问起他以后的打算，他没有任何迟疑，立即说要一辈子留在西藏。

同学、家长、老师又一次开始劝阻。刘英俊却坚定地说：“我愿意留在那里，我就是喜欢那里，西藏一切都好。”拉萨的优美风景和西藏人民的淳朴心灵都深深吸引着他。

“通过一年多时间，我更加了解西藏，了解拉萨，我认为西藏更需要我，也更能发挥我的能力，体现我的价值。同学说他们工资高，家长说东部地区的生活条件好，我羡慕，但我不愿去追求。我有我的理想，我有我的追求，我很满足在拉萨工作和生活的快乐。这种快乐是没有亲身体会，就无法理解的。”刘英俊激动地说。

他最大的目标就是“有一天当人们提起西部时，西部已不再是荒凉和贫穷的代名词”。

拉萨的大街让我感到熟悉和踏实

在西藏的工作充满挑战，而这种挑战也成为成长的动力。刘英俊记得2004年西藏自治区重点项目拉萨市金珠西路开工，总投资2亿元，单位让刚刚工作 1 年多的刘英俊作为项目代表，负责工程现场的全面管理。刚开始时，刘英俊也非常担忧，工程面临的工期紧迫、冬季保温、大量地下水处理、短期内部分特殊建材的订购并运到拉萨等困难更是给他带来了很大压力。那段时间，刘英俊一刻也没离开工地，硬是带着同事和工友们夜以继日地苦干，使得工程如期顺利完工。

经过这次考验，随后的布达拉宫、罗布林卡周边环境整治，纳金大桥建设等规模更大、专业面更广的项目，刘英俊都全程参与了，并承担主要工作，也都圆满完成。

10 年来，刘英俊几乎参与了所有拉萨重大城市项目的策划、前期准备以及建设管理工作。“我走在拉萨的大街上，看着城市里的建筑，让我感到无比踏实和熟悉，仿佛与这座城市融为一体。”刘英俊说。

刘英俊无怨无悔地付出，对西藏的热爱和投入感动了大家。2007 年，刘

刘英俊在“中国梦·西部情”西部计划 10 周年巡回报告团北京报告会上演讲

英俊获得了“全国十大杰出青年志愿者”荣誉称号。2013 年 1 月，他被组织任命为拉萨市建设局副局长。

回想10年来的生活,拉萨市发生了巨大的变化,人们的生活水平不断提高。刘英俊为这些变化和发展由衷地自豪，因为他为之努力过，也见证了很多留藏志愿者为美好西藏建设做出的贡献。

最大的遗憾是未能尽到为人子和为人父的责任

这些经历也让刘英俊对西藏有了更深刻的了解：西藏有着祖国 1/8 的国土面积，有着很长的国界线。这里离不开祖国的关怀，也需要我们更多人努力地建设。

刘英俊说：“如果我们所有人都只顾个人的享乐，所有人都不愿去艰苦的地区工作，那么艰苦的地区永远也发展不起来。祖国培养了我们，我们学到了知识，就应该响应祖国的号召，到最需要的地方去。只要我们共同努力，当西部有了越来越多各个领域的人才时，总有一天会繁荣起来，也会使祖国更加强盛。”

刘英俊说：“也是因为我到了西藏，在那里工作了 10 年，所以才有了这些感悟。这也让我更加爱我的祖国，爱我的工作，爱我的生活。其实，想到这些，我更加坚定我的选择是正确的。”

刘英俊本着“踏踏实实做人，认认真真做事”的人生格言不断努力向前。目前，他一边工作，一边加强学习，努力自学法学知识，希望能考上法学博士研究生。他的理想是成为建设、经济、管理方面的复合型人才，能对西藏的建设有更大的贡献。

在拉萨，刘英俊不仅在工作上收获了丰硕的成果，而且在那片神圣的土地上收获了自己美丽的爱情。当提到自己 4 岁的孩子时，刘英俊脸上不禁流露出慈爱的光芒。

当被问及是否有遗憾时，刘英俊微微抬起来头，深深地吸了一口气之后，缓缓说道：“我最大的遗憾，就是我远在西藏，不方便把自己的父母和孩子接到身边来照顾，未能尽到为人子和为人父的责任。”

金子总是在磨炼后才会发出耀眼的光芒，历经艰辛后，给予执着者的最高奖赏，便是心灵深处的记忆。因此，刘英俊也真心希望能有更多的人投入到志愿服务西部的洪流中去，实现自己的人生梦想。

“希望有更多的人和我一起，为西藏美好的明天共同努力奋斗。”刘英俊说。

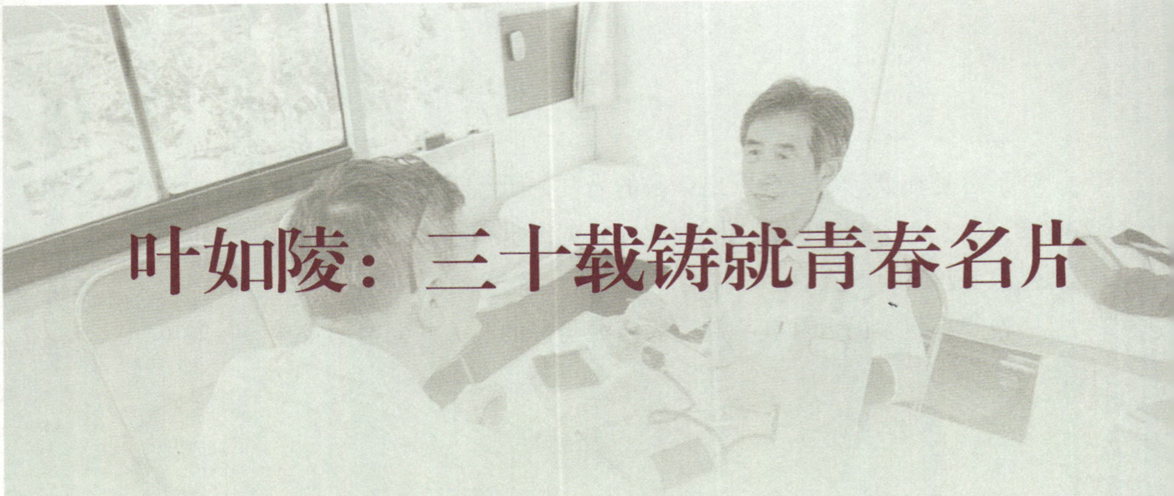

叶如陵：三十载铸就青春名片

叶如陵

西藏缺氧，但不缺精神！

“青春报国已白头，晚霞离岗何所求？人生转瞬如一日，披风戴雨无止休。”这是北汽集团工作人员为一名兢兢业业献身西藏医疗事业 30 年的医生所作的诗。从 1969 年 1 月到 2000 年 10 月，从 29 岁英气勃发到 59 岁天命之年，西藏自治区第一人民医院业务副院长、主任医师叶如陵在西藏奋斗了 31 年。他最常说的一句话是“西藏就是我的第二故乡”。

比珠峰还要高

1969 年，29 岁的叶如陵踏上了西藏这片神奇的土地。

西藏昌都马查拉煤矿成为他的第一个落脚点。这个煤矿是世界上海拔最高的煤矿，工作区比珠穆朗玛峰登山大本营还要高 30 米。

可想而知，随之而来的高海拔、高寒、高辐射、低氧、低沸点成为这个汉族小伙子最大的难关。这样恶劣的自然环境带来的是听不到广播，看不到报纸，通信困难，面条和米饭也都是夹生的，吃蔬菜更成为奢望。不仅如此，因为此处周围百里无人烟，社会不安定因素较多， 一部无线电台每天要和昌都联系两次，以确保安全。

即便如此，叶如陵没有退缩。他的内心被“到祖国和人民最需要的地方去”的热情所鼓舞和激励着。到达矿区刚刚成立的简陋卫生所之后，矿工们热情地欢迎了他，大家高兴地说：“你们是毛主席派来的医疗队。你们来了，我们下矿井时，心里就踏实了。”

正是如此朴实的两句话，让叶如陵感到西藏人民扑面而来的真诚淳朴和对医疗卫生事业的殷殷期望。

随后，建科室，带学生，添设备，到煤矿坑口值班，为职工和周围牧民看病……还没等身体完全适应西藏的恶劣气候，叶如陵就开始马不停蹄地忙碌着。不管是在大雪封山的日子，还是在风雨交加的深夜，只要听到矿工生病的消息，叶如陵二话不说，拿起药箱就出诊。

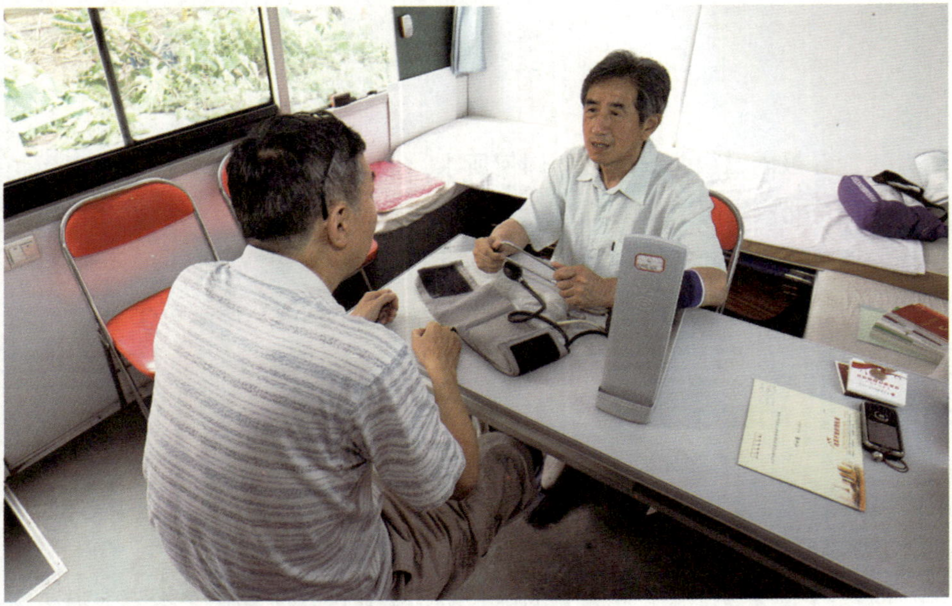

叶如陵在看诊

“在这里，做同样的工作你需要更多的精力；在这里，生同样的病也许面临的就是死亡……”所以，叶如陵说，自己每次真的都是在和死神赛跑。而支撑他坚持下去的，除了自己的精湛医术，还有对藏族同胞深切的爱。

西藏就是我的第二故乡

女儿出生时，叶如陵选择将她送回北京和姥姥一起生活，而当他再一次看见女儿时，她已经 3 周岁了。亲情的疏离和女儿躲闪的眼光让叶如陵的内心十分难过。而恰在此时，煤矿面临停产，很多援藏的医生都撤回了北京，叶如陵开始面对自己来藏后的第一次内心交锋。

但后来，理智还是战胜了情感。他说，自己时常想起胡锦涛同志说过的一句话：“只要能使西藏繁荣发展，我宁愿死在高原上。”他也越来越清晰地意识到：“像我这样的医生，北京有很多，而西藏很少，藏族同胞需要我。”就这样，他又留了下来。

经过艰苦的努力，叶如陵和同事们一起建立了西藏自治区第一人民医院。这所医院到目前为止仍然是西藏地区唯一一所三级甲等医院，填补了西藏神经外科的空白。

除了在专业上继续精进，把更多的时间和精力投入到为西藏人民解除病痛的工作上之外，此时的叶如陵开始琢磨另外一个问题：培养人才，留下一支带不走的医疗队。

此后，叶如陵开始积极培养人才，研发新技术，成立新科室，1984 年还与北京中国医学科学院签订了对口支援协议。1984 年至 2000 年，先后有 37 个医疗队、医疗小组和专家个人到西藏自治区第一人民医院进行医疗支援，带来了大量先进技术和理念。

虽然说与女儿亲情淡漠，叶如陵深感遗憾，但在他看来，援藏是自己的选择，为纯朴的西藏百姓做事，他们能记住你一辈子，这比什么都有价值。“如

叶如陵做专题培训

果重来一次的话，我还会这样选择。”叶如陵说。

回京后繁忙的老年生活

2000年10月，叶如陵回到了阔别31年的北京。许多医院向他伸出了橄榄枝，他都婉言谢绝了。

“在北京，像我这样的医生，医院里很多，但社区里还比较少。相比之下，社区更需要我。”

叶如陵决定留在社区，当一名普通的党员志愿者。

现在的叶如陵依然很忙碌。无偿为居民义诊，关注空巢老人，尊老敬老孝老，开展“社区特殊教育”，丰富全社区文化活动，都是他的日常工作。

对此，很多医学专家说：“如果全国每个社区都能有这样一位医生，我们国家的医改就成功了。”

社区居民说：“过去你给领导做保健，今天你给我们做保健，你是我们的保护神。”

对这些赞誉之词，叶如陵只轻轻摇摇头。30余年的援藏经历，已经将一种可贵的精神品质深深植入了他的内心，那就是“吃苦耐劳的精神、朴实的平民情结、踏实的工作作风和低调的生活态度”。

叶如陵每天都会去红十字博爱服务站

“西藏缺氧，但不缺精神！”说这话时，叶如陵乐呵呵的，自豪之情溢于言表。多年的工作经历也给叶如陵带来了诸多荣誉：中共西藏自治区党委、西藏自治区人民政府表彰他“为西藏革命和建设事业做出了突出贡献”，2009 年中共西藏自治区委员会老干部局发布“关于在全区离退休干部中开展学习叶如陵先进事迹”的通知，“卫生系统全国先进工作者”“北京市群众心目中的好党员”“北京市万名孝星”“感动朝阳十大新闻人物”等。

“有人曾经问我最大的幸福是什么？在我年轻时，我把整个青春都献给了西藏的医疗卫生事业；在我退休后，我依然对社会有用，对身边的群众有用，这就是我最大的幸福。”叶如陵如此答道，深情而坚定。

陈刚毅：平凡工程师，刚毅人生路

陈刚毅

干事业，就一定要干出个样来！

“嗨——是谁帮咱们修公路哎——啊嘿！嗨——是谁帮咱们架桥梁哎——啊嘿！……”这是在西藏昌都地区芒康县广为流传的一首藏族歌曲，这首歌表达了藏族人民对 214 国道角笼坝大桥建设者们的感激之情。

在梅里雪山下，角笼坝大桥使得雪域天堑变通途。如此骄人的成绩得益于千千万万个顽强拼搏、甘于奉献的建设者，其中最令人感动和敬佩的就是该项目法人、高级工程师——陈刚毅。

知识改变命运，坚韧战胜苦难

陈刚毅出生于一个普通的农民家庭。他小时候家里穷，只能拿一床破被子住校；遇上下雨天没有伞，只能靠一块破塑料布来遮挡风雨；读书时用的那口破箱子，更是兄弟几个的宝贝，大家轮流着使用；由于条件有限，伙食跟不上去，也只能吃嫂子做的腌菜，长期下来使陈刚毅缺乏营养，个子长得不是很高。

但是，生活的艰难并没有让陈刚毅放弃学业。相反，他更加刻苦地学习，希望能够通过知识来改变自己的命运。后来，他为了激励自己，把“陈光义”改成了现在的名字“陈刚毅”。

命运总是喜欢开玩笑，陈刚毅虽然很努力地学习，但还是与梦想中的大学失之交臂。不过也正是从那时起，陈刚毅决心一定要学好一门技术，无论是去上大学，还是去上大专！于是他带着简单的行李走进了有“黄浦路校”美誉的湖北交通学校。也就是从那时起，陈刚毅与交通建设结下了不解之缘。

3 年的校园生活一晃而过，陈刚毅的勤劳、好学与吃苦精神赢得了同学和老师的啧啧称赞。

1986 年，陈刚毅从湖北交通学校毕业后，被分配到了湖北交通规划设计院。设计院更加强调专业性，是研究生、本科生等高学历人才的聚集之地。陈刚毅知道以自己当时的专业基础，还不能适应工作的需要。为此，他再下决心刻苦学习业务，提高实践能力。

院里规定工作两年后才能进修，陈刚毅还没满年限，就迫不及待地想报名去进修。他平时工作忙，只能利用业余时间自修。炎炎的夏日，别人都在乘凉，可陈刚毅为了让自己静下心来看书，把脚泡在一大盆凉水里，每次拿出脚时已是深夜，连脚皮都被泡破了；寒冷的冬天，他就着一个小电炉取暖，在冷冷的屋子里坚持学习。

虽然他住的地方潮湿而阴冷，没有任何取暖设备，但这些都无法改变他学习到深夜的习惯。1990 年冬季的一天，他像往常一样学习至凌晨。但是 3 点左右，他的肚子突然剧烈疼痛起来，忍了两个多小时后实在受不了了，就走一步蹲一步地来到武汉市宝丰路口，后来被一位好心的三轮车师傅送到了医院。

就这样经过了 5 年多的努力学习，他系统地修完了路桥专业本科的全部课程。同事们对他的进步纷纷竖起了大拇指，大家都被他顽强的毅力和“哪里有陈毅刚，哪里就有书”的学习精神所感动。

重症之下，不忘工作

20 年的工程实践和磨炼，使他逐渐成长为懂设计，会施工，善管理的“多面手”。无论从事什么工作，在哪个岗位上，陈刚毅都有一股“拼命三郎”的劲头。他常说的一句话是：“干事业，就一定要干出个样来！”

2002 年，交通部宣布，由湖北省交通厅援助西藏交通厅负责滇藏公路 214 国道上的角笼坝大桥项目，该桥主跨 345 米，人称“西藏第一跨”。听到这一消息后，陈刚毅凭着前期在西藏主持项目的工作经验主动请缨，湖北省交通厅和设计院最终确定他为该项目的法人。

2004 年年初，一直困扰着陈刚毅的肚子疼的毛病越来越严重。妻子毛细安陪他去武汉同济医院就诊。医生看了之后，要求做大便检查、肠镜检查。

陈刚毅说：“我马上要去西藏，没有时间住院检查，你们多开些止痛药就行了。”医生忍不住说：“你要是再去西藏，就准备当烈士吧。”陈刚毅这才决定做检查。

医生后来告诉陈刚毅的妻子，他已经是结肠癌中期了，而且“全层浸润”。知道这个不幸的消息后，悲痛万分的毛细安没敢告诉陈刚毅真相。

陈刚毅在座谈会上

直到手术后第3天，陈刚毅才知道自己得的是癌症，在生命可以用天数计算的时候，陈刚毅决定要和命运掰一掰手腕。

很快，他就重拾信心，积极配合医生的治疗，同时保持着与西藏工地的热线联系，随时关注项目的进展情况。手术后的化疗十分痛苦，但为了尽快恢复，他都一一忍受了。

2014年7月，忍受着化疗后一波高过一波的痛苦，陈刚毅第2次进藏。一天凌晨，陈刚毅的同事李洪滔发现昏黄的台灯下，陈刚毅披着外套，趴在桌子上，一手抵着肚子，一手一笔一画地在厚厚的资料上写着审查意见。李洪滔将热水和药递过去，拿过他手中的笔。陈刚毅抬起头缓缓地说：“当生命到了要以倒计时来计算的时候，才会觉得有好多事没来得及去做。现在大桥工期很紧，更容不得我们有丝毫的差错和闪失。”

9月，做完第6次化疗后的第2天，陈刚毅第3次回到角笼坝，并且每天都吃住在工地上。大桥锚塞体的浇灌是一项技术要求高又费时间的活儿，不但要控制混凝土温度，还要保证浇灌24小时不间断，任何一个小小的疏忽都可能导致前功尽弃。他组织开展“大战一百天”活动，抢在冬季来临之前，完成锚塞体混凝土浇灌、大桥主缆架设、吊索安装等重要工序。

11月底，正在医院接受第7次化疗的陈刚毅收到了西藏自治区交通厅副厅长冉仕平带来的一块刻着佛像、饱含藏族同胞深厚情谊的玛尼石，希望他早日康复。这块玛尼石第4次把陈刚毅带进了西藏。

在7次化疗期间，陈刚毅先后4次进藏。他吸取第1次进藏的教训，后

陈刚毅在施工现场

来3次进西藏，都先买好氧气瓶再上雪山。

第4次进藏时，正是冬天，雪山上氧气稀薄，山路结冰，车速更慢，翻过白马雪山，他吸了近5瓶氧气。

或许正是这种刚毅不拔的精神意志感动了雪域高原，陈刚毅的病情慢慢好转了。就如他视为生命的角笼坝大桥一样，陈刚毅在艰苦的环境中展现出顽强的生命力。

“我永远不会忘记那一天，作为一名大桥的建设者，我感到欣慰，也庆幸自己没有被病痛打倒，没有放弃努力，我的坚持得到了最好的回报。”陈刚毅激动地回忆着当时的情景，“角笼坝大桥就像是我的孩子，抚养孩子的过程是艰难的，但看着她一天天长大，就有一种巨大的成就感。214国道是古路，是茶马古道的主线；桥却是新桥，充满着现代感。我在建这座桥时有一种奇妙的感觉，有一种连通历史与未来的感觉，我感到了一种继承古人，又超越古人的成就感。”

一个平凡的岗位，一段感人的故事，一座饱含感情的桥梁，铸成了一位共和国普通建设者的刚毅人生路。岁月无尽，生命有限，陈刚毅用自己的行动让生活厚重而灿烂，用坚持不懈、艰苦奋斗、甘于奉献的精神谱写了一曲生命赞歌。

谦虚面对荣誉，勤奋再创佳绩

陈刚毅的先进事迹在交通运输系统引起强烈反响，并得到社会各界的关注，他先后获得“全国优秀共产党员”“全国五一劳动奖章”“全国交通系统劳动模范”“湖北省优秀共产党员”“省劳动模范”“省五一劳动奖章”“省五四青年奖章”等一系列荣誉称号；2007年，光荣当选为党的十七大代表；

2009年，当选为“新中国成立以来最具影响力劳动模范”，获评“全国道德模范提名奖”及“新中国成立60年、功勋湖北100人”；2010年，被评为“全国劳动模范”；2008年，陈刚毅光荣地成为一名奥运火炬手；2009年，作为交通运输部先进典型代表参加了在天安门举行的庆祝建国60周年群众游行活动；2011年，作为优秀党员代表出席了在北京举行的庆祝中国共产党成立90周年大会。

面对社会的充分肯定和高度赞誉，陈刚毅同志始终保持着谦虚谨慎的态度和对自己更加严格的要求。2006年，他被任命为湖北省交通规划设计院党委副书记。身体状况有所好转后，他就主动请缨，投入到新的建设项目中，亲自承担了荆岳长江大桥、武神生态环保旅游路、麻武高速公路等多个重点项目的设计、监理管理工作。

尽管领导要求他多注意身体，少出差，但他每个月还是有10多天时间要深入工地现场，亲自参与项目建设的技术和管理工作。

2008年，陈刚毅所在的设计院受湖北省交通厅党组委托，代建湖北杭瑞高速公路，陈刚毅被任命为建设指挥部党委书记。这个全国家喻户晓的先进典型在重点工程建设领域焕发出了新的活力，成为杭瑞项目2万多名建设者廉政勤政的楷模。

作为杭瑞建设指挥部党委书记，陈刚毅全面加强工地基层党组织建设，创建了“网上交通党校”“农民工夜校”，并亲自为一线党员、农民工授课。他亲自编印的《刚毅工法》，深受农民工喜爱，并在全省重点工程中全面推广。陈刚毅高度重视重点工程中农民工的教育培养工作，首次在重点工程一线发展农民工党员，产生了良好的社会反响。

陈刚毅带领杭瑞指挥部的全体人员，按照“安全、优质、廉洁、高效、惠民”的建设理念和总体目标，深入开展“廉政阳光示范工程”创建活动，通过实践探索出了湖北交通重点工程“廉政阳光六同长效”模式，并在全省进行推广，同时总结出了重点工程建设领域突出问题专项治理“十查”“十治”“十新”“十制”经验，受到中纪委、交通运输部、省纪委及省交通运输厅等各级领导的充分肯定和高度赞扬，杭瑞指挥部先后获得“湖北省五一劳动奖状”“湖北省直机关优秀基层党组织”等多项荣誉。

如今，湖北的各条省道、高速公路或公路建设工地上，都可以看到“刚毅服务岗”“刚毅班组”等模范团队。而陈刚毅也依然在自己普通的岗位上为自己热爱的事业默默奉献，用他的实际行动践行着“为老百姓铺更多、更好的路，架更多、更好的桥”的承诺。